CONSILIA 3

Kommentare für den Unte...

Herausgegeben von Hans-Joachim Glücklich

Hans-Joachim Glücklich

Die »Mostellaria« des Plautus im Unterricht

2. völlig neu bearbeitete Auflage

Vandenhoeck & Ruprecht

Exempla 3 ist ab der 9. Jahrgangsstufe und in Grund- und
Leistungskursen einsetzbar.

ISBN 3-525-25658-2

© 2005, 2001 Vandenhoeck & Ruprecht GmbH & Co. KG, Göttingen / www.v-r.de

Satz: Schwarz auf Weiß GmbH, Hannover.
Druck und Bindung: Hubert & Co., Göttingen.
Umschlaggestaltung: Markus Eidt, Göttingen.

Gedruckt auf chlorfrei gebleichtem Papier.

Inhalt

Interpretationsgesichtspunkte

Eine schrecklich nette Familie

In der Tat: eine schrecklich nette Familie, die Theopropides-Familie. Der Vater Theopropides ein tüchtiger und erfolgreicher Kaufmann, viel auf Reisen, erfolgreich, Geld verdienend und Geld zusammenhaltend. Der Sohn Philolaches lange Zeit Vorbild für andere Söhne, gut in allen Sportarten, willig durch die Ausbildung in Recht und Literatur gegangen, voll Fleiß und Härte gegen sich selbst. Sein Freund Callidamates hilfreich und ein guter Kumpel in allen Lebenslagen. Die Familien des Philolaches und des Callidamates haben beide Sklaven, brave, gehorsame, aber auch intelligente oder schlaue. Der Nachbar Simo ist ein braver Familienvater und hat wie Theopropides ein bürgerliches Haus. Aber da sind Brüche zu spüren oder deutlich zu sehen. Der Nachbar leidet unter seiner tyrannischen und sexhungrigen Frau, ist ein Voyeur und lässt sein Haus verkommen, eine deutliche Anspielung auf den Vergleich eines Hauses mit dem Charakter des Menschen, den Philolaches in Szene I 2 vorträgt. Der Vater Theopropides erwähnt seine Frau gar nicht, sie tritt auch nie auf. Er wird aus seinem eigenen Haus ausgeschlossen, weil dort angeblich ein Gespenst haust, ein ermordeter und nicht begrabener Mensch. Wieder eine Anspielung: Theopropides kennt offenbar vor lauter Geschäft sein eigenes Haus nicht mehr. Er lässt sich auf den angeblichen Erwerb eines neuen Hauses ein, das des Nachbarn, aber auch dieses verkennt er, erkennt Einzelheiten nicht, weiß nicht, was gut oder schlecht an dem Haus ist, freut sich aber über einen guten Handel. Und der Sohn Philolaches? Und sein Freund Callidamates? Eigentlich sehr liebe Menschen, wären da nicht die Liebe zu Hetären, große Ausgaben für Parties und Alkoholismus.

Kommt Ihnen das bekannt vor? Aus Fernsehserien, Filmen, eigenem Erleben oder Erleiden? Auch in der *Mostellaria* des Plautus sind diese Themen verarbeitet. Sie scheinen eine Situation und einen Nerv der Zuschauer der Zeit um 190 v. Chr. getroffen zu haben. Plautus kann der Theorie folgen, dass nicht »makellose Männer einen Umschlag vom Glück ins Unglück erleben« dürfen (Aristoteles, *Poetik* 13). Er bringt damit wirkliche Menschen in komischer Übertreibung auf die Bühne. »Nobody is perfect«, aber niemand ist auch völlig schlecht. Und so haben wir in dieser Komödie vielerlei interessante Figuren, die unter anderen Umständen auch heute leben könnten.

Auf den ersten Blick scheinen die Sklaven der römischen Komödie dieser Behauptung nicht zu entsprechen, ist doch die Sklaverei abgeschafft. Aber die Sklaven sind erstens Abbilder ihrer Herren – ganz natürlich, wenn man die Struktur der römischen Gesellschaft bedenkt, in der nur die *domini* untereinander aktionsfähig waren und Rechtsgeschäfte abwickelten und alle Anliegen der Sklaven über ihre Herren liefen. Zweitens sind sie Spiegel der Gesellschaft, weil sie sich den gesellschaftlichen Strukturen und den Befehlen und Wünschen ihrer Herren unterordnen müssen. Drittens vertreten sie den Part aller Unterprivilegierten, Untergeordneten, einem fremden Willen und Arbeitsprozess Unterworfenen, von denen die heutige Wirklichkeit ebenso voll ist wie die heutigen Comedyserien. Viele Hetären treten auf, kaum freie Mädchen – und in dieser Komödie nicht einmal eine ehrwürdige Matrone. Die Damen sind im Haus oder durch die Frauen vertreten, die in der Öffentlichkeit häufiger zu sehen sind. Aber auch die Frauen – ob sie nun auftreten oder ob nur über sie gesprochen wird – repräsentieren den Zustand der Gesellschaft, können unterwürfig oder emanzipiert sein, gut oder böse, dumm oder schlau wie die Männer.

Der Inhalt der *Mostellaria*

Ein Blick auf den Inhalt macht Parallelen und Unterschiede zur heutigen Zeit deutlich.

I 1: Die in einem Sklavendialog geschickt vermittelte Exposition zeigt Aggression, Klassendenken und verschiedene Wertmaßstäbe schon innerhalb der rechtlosen, untersten Menschenklasse. Grumio beruft sich auf die Vorgaben seines Herrn, Tranio auf individuelle Fähigkeiten und Ziele. Anlass ist der angeblich schlechte Einfluss Tranios auf den jungen Herrn, Philolaches, und das unterschiedliche Verhältnis der beiden Sklaven zu ihrem Herrn.

I 2: Philolaches trägt den Konflikt in sich selbst aus: Er vergleicht sein früheres normenkonformes Verhalten mit seinem jetzigen individuellen und – wie er meint – schlechten Verhalten. Er macht sich selbst dafür verantwortlich und sieht die Mühe der Eltern als vergeblich an.

I 3: Das im Monolog des Philolaches I 2 angeschnittene Thema *amor* wird nun konkret vorgeführt im Verhalten und Treuewunsch Philematiums, im resignierten Verhalten ihrer Betreuerin Scapha, in den mannigfachen wütenden oder überschwänglichen Reaktionen des mithörenden Philolaches. Auch hier stoßen wieder Klassenverhalten (das Scapha zeigt) und individuelle Sehnsüchte und Verhaltensnormen (Philematiums) aufeinander.

I 4: Der junge Callidamates und die Hetäre Delphium sind gewissermaßen Gegenbilder zu Philolaches und Philematium. Delphium zeigt keinen Zwiespalt zwischen individuellem Streben und ihrem Berufsbild, sie ist aber eine zupackende und reaktionsschnelle Person. Callidamates ist hier die Karikatur eines jungen Mannes von Stand, vielleicht zeigt er einige Auswüchse, wie sie wohl üblich und auch damals für Römer aufregend waren. (Später erfährt Callidamates eine Aufwertung, als er nüchtern ist und zwischen Philolaches und seinem Vater vermittelt.)

II 1: Der Sklave Tranio ist Unglücksbote und Herr der Situation zugleich. Er kündigt die Rückkehr des Herrn Theopropides an. Er rühmt seine *audacia* (407–418).

II 2: Theopropides ist verwundert, dass die Tür des Hauses verschlossen ist, bleibt misstrauisch und lässt sich nur langsam von Tranio zum Weggehen bewegen. Tranio bedient sich dazu des Appells an *religio* und des Glaubens an *omina*.

III 1: Der Wucherer, der Philolaches Geld geliehen hat, zeigt seinen Charakter. Tranio muss stets neue Erfindungen vorbringen, um Theopropides von der Entdeckung der Wahrheit fernzuhalten. Dazu argumentiert er mit der Vorgabe, der Sohn handele und denke im Sinne des Vaters.

III 2: Tranio erweist seine Geistesgaben, indem er eine Doppelintrige einleitet: Theopropides soll denken, Philolaches habe das Haus Simos gekauft, weil das eigene von einem Gespenst besetzt ist, und habe dafür Schulden bei einem Geldverleiher gemacht. Der Nachbar Simo soll denken, Theopropides wolle sein Haus renovieren und dazu das Nachbarhaus zum Vorbild nehmen. Tranio ist mit dieser Intrige zunächst sehr erfolgreich und kann alle Äußerungen so gestalten oder ausnutzen, dass beide Alten sie jeweils in ihrem Sinn auffassen.

IV 1: Der Sklave Phaniscus charakterisiert gute und schlechte Sklaven und gute und schlechte Herren. Er sieht das Verhalten des Herrn als Reaktion auf das des Sklaven an.

IV 2: Phaniscus spricht mit Pinacium. Diese Szene wiederholt den Einblick in die Sklavenwelt, den die Szene I 1 gab.

IV 3: Ironisierung des Herr-Sklave-Verhältnisses: Der Herr lobt den Sklaven, der Zuschauer weiß, dass es keinen Grund dafür gibt. Der Herr lobt seine Vorsicht *(cavi, 926)*, der Sklave hebt seine Ehrlichkeit *(animus, gratia, 926)* hervor. Die Realität hatte sich in der Szene I 1 gezeigt.

IV 4: Theopropides erfährt den Tatbestand.

IV 5: Theopropides erkennt, dass er genarrt wurde, und kündigt den Gebrauch seiner Gewalt an.

V 1: Tranio sieht trotz seinen Intrigen keinen Beistand bei den Jungen und versucht sich allein zu retten.

V 2: In der Auseinandersetzung mit Theopropides kann er dessen Vorschläge gut abfangen oder kontern.

V 3: Auf Fürbitte des Callidamates verzeiht Theopropides Tranio. Theopropides bekommt Reue wegen des vergeudeten Geldes zugesagt und lässt nun alle anderen Verhaltensweisen des Sohnes zu (1164). Der verantwortliche Umgang mit Geld ist gesichert. Tranio ist misstrauisch und frech und kann Theopropides mit dem Argument zur Verzeihung bringen, er werde ja schon am nächsten Tag wieder etwas anstellen, wofür er dann bestraft werden könne. Das Geschehen ist insofern Teil eines sich wiederholenden Verhaltens und eines dauernden Gegensatzes.

Personen und Verhältnisse

Die Komödie spielt um 200 v. Chr. Die herrschenden Verhältnisse sind plastisch geschildert.

Väter und Ehemänner

Der heutige Familienvater hat nur wenige der Rechte des römischen Familienvaters, dessen *patria potestas* allumfassend war. Zumindest in der öffentlichen Erwartung hat aber der heutige Vater ebenso wie die heutige Mutter die gleiche Verantwortung wie der antike Vater, in manchen Bereichen ist ihre Haftungspflicht sogar größer, zum Beispiel bei finanziellen Unternehmungen (vgl. dazu Textausgabe, Begleittexte I 1 B 1, V 3 B 1–2).

Theopropides ist Geschäftsmann. In seinem Wertmaßstab stehen Geld und seine Bewahrung und Vermehrung, auf jeden Fall der wirtschaftliche Umgang mit Vermögen an erster Stelle. Dafür nimmt er Gefahren auf sich, dafür lässt er sich auch relativ mitleidlos Übervorteilung anderer zuschulden kommen, dafür setzt er andere Dinge im Verhalten seines Sohnes hintan, solange nur dessen Geschäftssinn stimmt und dessen korrektes geschäftliches Gebaren dem Vater gegenüber.
Das *patrimonium* zu wahren und zu mehren, ist einer der höchsten Maßstäbe.[1] Er treibt Handel und verdient damit sein Geld. Von den drei Erwerbsquellen, die Cato, *De agricultura, praefatio 1,* als gewinnbringend nennt (Landwirtschaft, Großhandel, Geldverleih), hat er also eine der beiden angesehenen Formen gewählt, den Großhandel, den Importhandel. Er ist wie viele Römer etwas abergläubisch und lässt sich daher mit der Vorstellung eines Religionsfrevels und eines Geistes im Haus erschrecken, geht aber mit den höheren Göttern, z.B. Neptun, geschäftsmäßig um, das heißt: Er bewahrt in komischer Verzerrung die Prinzipien des *do, ut des* und des Gelübdes. Sein Verhalten ist letztlich autoritär, er hat Strafgewalt über alle, er pocht auf seine Rechtsgewalt und Geschäftsgewalt, er versucht, seine Strafgewalt gegenüber den Sklaven durchzusetzen.

Simo ist ein gestresster Ehemann. Er hat eine *uxor dotata,* die ihn wohl finanziell dominiert und ihn auch sexuell dominieren möchte: Er soll ihr Verlangen befriedigen. Dafür bekocht sie ihn bzw. sorgt auf jeden Fall für reichliches Essen.[2] Simo hat keine Lust auf seine Frau, er flieht sein Haus. Aber er hat Spannergelüste. Er lebt heimlich aus, was er offiziell nicht darf oder nicht kann. Deswegen unterstützt er Philolaches in gewisser Weise und kommt mit dem Ansinnen zuschauen zu dürfen. Aber er hat doch auch Standesbewusstsein und hilft Theopropides

---

1 Vgl. P. Ariès/G. Duby (Hg.): Geschichte des privaten Lebens, 1. Bd.: Vom Römischen Imperium zum Byzantinischen Reich, hg. von P. Veyne, dt. von H. Fliessbach, Frankfurt/M.1989 (orig. Paris 1985), S. 38.

2 S. u. S. 73.

gegenüber den Sklaven, indem er ihm Strafsklaven ausleiht. Andererseits ist er schadenfroh und fühlt sich besser als Theopropides, denn ihm haben seine Sklaven weder Schaden bereitet noch Frechheiten gezeigt.

So hat der eine Probleme mit Kindern und Sklaven, der andere mit seiner Frau und seinem sexuellen Verlangen. Von Liebe oder gar Sex des *pater*, des *dominus*, ist in dieser Komödie keine Rede, anders als etwa in der Komödie *Bacchides*, wo Väter und Söhne dieselben Hetären umwerben.

Frauen

In dieser Komödie kommt keine Mutter vor. Simos Frau ist als lüsterne Alte dargestellt, tritt aber nicht auf. Von der Frau des Theopropides ist überhaupt nicht die Rede, entweder gibt es keine mehr oder aber keiner findet sie erwähnenswert. In anderen Komödien porträtiert Plautus Ehefrauen, etwa im *Stichus*, und zeigt verschiedene Arten, wie Frauen ihre Rolle trotz gesellschaftlicher Benachteiligung ausfüllten.

Die interessanten Frauen sind in der *Mostellaria* die Hetären, die junge und schon freigelassene Philematium mit ihrer Mischung aus romantischer Liebe und berechnendem Geschäftssinn und ihrer Freude an aufwändigen Geschenken und Gewinnzuwachs, die realistische und den Männern gegenüber skeptische Scapha, die zupackende Delphium.

Söhne

Die Erziehung der Kinder lag in der Familie und war geschlechterspezifisch differenziert. Die Söhne wurden kontinuierlich an das Berufs- und Erwachsenenleben gewöhnt. Die Textausgabe bietet genügend Material für römische Ansichten und Zustände des 3. und 2. Jahrhunderts vor Christus (vgl. insbesondere I 2 B 5) und für heutige Auffassungen (vgl. insbesondere I 2 B 4). Sie bietet auch Aufgabenstellungen zum Vergleich sowie zur Beurteilung der in der *Mostellaria* dargestellten Verhältnisse vor dem Hintergrund der Antike und der Moderne (vgl. insbesondere I 2 A 7).

Philolaches: Philolaches ist weich, zeigt Gefühl, liebt eine Hetäre. Er weiß, dass er vom Maßstab der Eltern und Nachbarn, der *senes*, abweicht, aber er hat diesen Maßstab internalisiert, wie Szene I 2 zeigt. Im Grunde verhält er sich mit seinem Wunsch, den Maßstäben der Eltern zu entsprechen, wie der Sklave, der in Szene IV 1 Gehorsam als das Mittel ansieht, dem Herrn zu gefallen, ja ihn zu beherrschen. Er sucht seinen Sonderfrieden mit dem Vater und lässt den Sklaven Tranio, der vorher sein Ratgeber und seine Zuflucht war, zeitweise im Stich. Er versichert Gehorsam und Wiedergutmachung und erkennt die *patria potestas* an. Der Vater hat Gewalt über ihn, vertritt ihn rechtlich, kontrolliert sein Finanzgebaren, kann ihn strafen.

Callidamates: Er ist ein social alcoholic. Er wird in solchen Zuständen von einer Hetäre geführt, die relativ willig und freundlich all seine Eskapaden mitmacht. Er legt den Maßstab der Lust für sich und den des Geldes bzw. des verantwortungsvollen Umgangs damit gegenüber dem Vater des Philolaches an und hat damit Erfolg, wird zum akzeptierten Verhandlungspartner.

Die Lust, Hetären auszuhalten, zu trinken, mehr Geld auszugeben als vorhanden, ist nicht nur Philolaches und Callidamates eigen, sondern vielen jungen Aristokraten, wie Vers 1141 andeutet.

Sklaven

Sklaven waren zur Zeit des Plautus ein an Bedeutung immer noch zunehmender Wirtschaftsfaktor. Sie waren aus dem Familien- und Alltagsleben nicht wegzudenken. Sie wurden trotz aller rechtlichen Abhängigkeit in ihrer Menschlichkeit bisweilen anerkannt (vgl. Textausgabe, Begleittexte II B 4, V 1 B 1); dass es sie gab, wurde jedoch hingenommen, ein anderer Aufbau des römischen Staatsgefüges und der römischen Wirtschaft war nicht vorstellbar. Auch hierzu bietet die Ausgabe genügend Materialien (I 1 B 2–4, III B 1, V 1 B 1) und Aufgabenstellungen (I 1 A 1–3, V 1 A 3). Die Sklaven, die in der *Mostellaria* vorkommen, zeigen das gesamte Spektrum römischer Sklaven: Sklaven, die auf dem Land schuften müssen; Sklaven im Stadthaus; Erziehungssklaven oder persönliche Sklaven des jungen Herrn; Abholer, sexuell Benutzte oder Ausgenutzte; Hörige und Folgsame oder heimlich oder offen Aufbegehrende; Schlaue und weniger Schlaue; sich dem System Unterwerfende oder sich dem System Anpassende, also solche, die vom System ausgebeutet werden, und solche, die das System, so weit es geht, sich zunutze machen. Immer ist ihre Fähigkeit gefordert, sich auf den jeweiligen Gesprächspartner oder Kontrahenten einzustellen.

Antike Klassen und Berufe

Es wird unterschieden zwischen Freien, die Kaufleute sind, Unfreien, die Sklaven sind, und Vertretern unfeiner, gesellschaftlich wenig angesehener Berufe, hier Wucherern. Der Aufschwung des Bankiers zu höchster gesellschaftlicher Achtung gibt Anlass, über die Maßstäbe der Bewertung von Berufen und Individuen zu reden: Geld spielt immer eine Rolle, aber es muss auf so feine Weise verdient werden, dass es keine Rolle zu spielen scheint. Schon Cato kannte dieses Problem, wie *De agri cultura, prooemium* 1–4 zeigt (in der Textausgabe Begleittext III 1 B 2). Ähnlich wird in der Grabrede des Quintus Metellus auf seinen Vater L. Caecilius Metellus vom Jahr 221 Chr. – überliefert bei Plinius, *naturalis historia* 7, 139–140 – hervorgehoben, dass dieser viel Geld auf gute Weise habe verdienen wollen *(voluisse ... pecuniam magnam bono modo invenire)*. Heute haben sich der Maßstab der wirtschaftlichen Bedeutung der einzelnen Berufe (gemessen an ihrem Beitrag zum Bruttosozialprodukt) und die Einsicht, dass man auf vielerlei

Berufe, auch ›niedrige‹, angewiesen ist, durchgesetzt. Diese Einsicht ist mit der Demokratisierung verbunden und könnte in äußerster Konsequenz zur gleichen Bezahlung aller Berufe führen. In der römischen Antike galt hingegen lange Zeit der moralisch-staatspolitische Maßstab. Zunächst wurde der harte Einsatz des Freien *(labor)* gewürdigt. Er hatte im Dienst des Staates zu stehen oder so viel Geld auf ehrenvolle Weise zu verdienen, dass er sich unentgeltlich staatlichen Aufgaben widmen oder zu ihnen durch Geldspenden beitragen konnte. Die Ausführungen Ciceros (*de officiis* 1, 150–151) darüber, welche Berufe einem freien Römer angemessen sind, sind typisch für einen rigorosen Adelsstandpunkt: Es kommen nur solche Berufe in Frage, die Selbstständigkeit garantieren, weil die römische Gesetzgebung alle, die einen bezahlten Beruf ausübten, von den Staatsämtern ausschloss (vgl. Textausgabe, Begleittext III 1 B 3).[3]

Moral?

In ihren Worten sind manche Komödienpersonen amoralisch, z.B. der Sklave Tranio und der Geldhändler, auch die Hetäre Scapha. Aber die meisten haben in ihren Äußerungen einen moralischen Touch. Im Handeln vergessen sie ihn. Dies ist bei fast allen Beteiligten zu beobachten. Die Jungen setzen ihr Wohl vor das Tranios, die Alten sind raffgierig auf Kosten anderer, lüstern oder schadenfroh. Auch die Sklaven rivalisieren miteinander und bekämpfen sich zum Teil. Nur Philematium, Delphium und der Sklave Grumio haben eine Art Moral und sind rundum anständig. Bei den anderen dominieren Verschlagenheit, Gerissenheit, Gewinnsucht oder Anpassungsfähigkeit oder Orientierungsschwierigkeiten. Die moralisch Braven sind nicht unbedingt die Dummen, wirken aber dümmlich.

Das ist zwar verfremdet in griechische Verhältnisse, aber spiegelt doch die römische Wirklichkeit. Insbesondere das angeschlagene Patriziat bekommt sein Fett weg. Plautus moralisiert nicht, er unterhält und zeigt einen Spiegel.

Was uns verzerrt erscheint, davon ist vieles real gewesen: Geldmaßstab, Sklavenbehandlung, Lüsternheit, Kluft zwischen jungen Herren und ihren treuen Sklaven, das Zusammengehörigkeitsgefühl der herrschenden Klasse.

Vieles hingegen, was uns normal oder in liberaler Sehweise tolerabel oder zeitweise verständlich erscheint, war für Römer ungewöhnlich und wurde abgelehnt: Liebesaffären in jugendlichem Alter, Trunksucht. Die Hetären haben Gefühle, die jungen Männer auch, aber sie können sie von einer Person auf eine andere übertragen. Liebt Philolaches eine Hetäre wirklich – oder schwärmt er nur für die liebe Philematium, nennt etwas Liebe, was viel weniger ist? Die Handlung endet verdächtigerweise nicht mit einer Zustimmung des Vaters zu einer Ehe, sondern nur mit der Zufriedenheit über den Verlustausgleich und dem Zugeständnis, dann könne der Sohn so weitermachen – wie lange?

---

3 Vgl. H.-J. Glücklich/H.-J. Müller: Ciceros Wertung der Berufe (*De officiis* 1,150–151), in: Alte Sprachen in Rheinland-Pfalz und im Saarland 28/1, 1982, 2–8.

Werte und Normen

Der Sieg in den Punischen Kriegen bedeutet für Rom eine wirtschaftliche, politische und damit auch gesellschaftliche Veränderung, die sich in der Herausbildung der Großgrundbesitzer, der Vermehrung der Sklaven, dem wachsenden Verkehr, der Notwendigkeit neuer Institutionen und Prinzipien der Politik und der Verwaltung zeigen. Als Instrument, sich hier zu behaupten, entdeckten die römischen Bürger auch die Rhetorik. Sie übernahmen sie von den Griechen und lernten durch das Studium griechischer Rhetorik und Literatur und durch den Umgang mit Griechen auch griechische Weltanschauungen und Lebensprinzipien kennen, die das Individuum mehr in den Vordergrund stellen (vgl. etwa Textausgabe, Begleittext I 2 B 5).

Plautus schreibt in einer solchen Zeit des beginnenden Übergangs. Die Normen und der öffentliche Ruf spielen noch eine übermächtige Rolle. Individuelle Bestrebungen finden sich in griechischen Komödien dargestellt und passen vortrefflich zu entweder immer üblichen, aber durch mangelnde kulturelle Überhöhung bisher nicht zum Problem gewordenen Regungen oder zu jetzt neu aufkommenden Verhaltensweisen, insbesondere bei der Jugend. Die Suche nach neuen Lebensformen und die Integration fremder Verhaltensweisen und Normen in die eigene Welt sind ebenso kennzeichnend für die heutige Zeit.

Es ist nicht immer sicher, ob Plautus der römischen Gesellschaft den Spiegel deswegen vorhalten will, weil er dazu mahnt, am Überkommenen festzuhalten, oder weil er dazu auffordert, die Brüchigkeit überkommener Normen zu sehen.[4] Beides könnte sich an je verschiedenen Stellen seiner Werke zeigen. Die Aufforderung, überlieferte Normen hochzuhalten, ist dann eine Aufforderung an alle Altersgruppen, ihr Verhalten mit ihnen in Einklang zu bringen. Die Aufforderung, die Brüchigkeit bei sich selbst zu erkennen, ist dann die Aufforderung, über die Gründe nachzudenken und zu einem besseren Verhalten zu finden. Komödiendichtern ist oft ein gewisser Konservatismus eigen, aber Plautus schont keine der dargestellten Gruppen. In der *Mostellaria* kennzeichnet es die Jungen, dass sie ähnlich wie der Stadtsklave spontanes Verhalten mit rhetorischem Können verbinden. Aber auch sie sind mit Distanz und Spott dargestellt, wie insbesondere die Übertreibung im Verhalten des Philolaches beim Beobachten Philematiums (Szene I 3) zeigt.

Ungewöhnliche Typen und Verhaltensweisen

Hetären, der *servus callidus,* der seinen Herrn nach Strich und Faden hereinlegen darf, der dumme Alte und vielerlei andere verzerrt gezeichnete Figuren, die dennoch viel von der Wirklichkeit zeigen, wie der unzufriedene Ehemann Simo, der raffgierige Geldhändler Misargyrides – erst recht vielerlei unwahrscheinliche Er-

---

4 Vgl. dazu P. P. Spranger, Historische Untersuchungen zu den Sklavenfiguren des Plautus und Terenz, S. 98–107 bzw. 650–659.

eignisse – schaffen ein Gegenbild zur Wirklichkeit. Dadurch werden sie attraktiv auch für heutige Leser, weil die Verlockung der Fantasie erfreut und befriedigt. Aber gerade diese Fantasiewelt zeigt Verhaltensweisen, die der eine oder andere Zuschauer gern auch einmal selbst ausprobieren würde. Sie stellen damit ein Stück Realität dar, das nicht tatsächlich äußerlich sichtbar vorhanden, aber gedanklich greifbar ist und als Potenz zur Verfügung steht.

Geschickte Lenkung des Zuschauers führt dazu, dass dieser über Figuren, die ihn selbst karikieren, über Verhaltensweisen, die die seinen sind, lacht: Hausväter, die ihrer Verantwortung zwar zum Teil nachkommen, aber geistig nicht sehr beweglich sind; Sklaven, die keine Rechte haben, aber sich mit ihrem Zustand arrangieren, in ihm eine neue Hierarchie schaffen und sich durch ihre geistigen Anlagen zu Drahtziehern verschiedener Aktionen entwickeln, die erst dadurch gestört werden, dass auch der Herr *(dominus)* wieder auf der Bildfläche erscheint und seinerseits nach anderen Maßstäben handelt. Der Maßstab des Rufs steht dem Maßstab des Interesses und der persönlichen Wunscherfüllung entgegen; der öffentlich-römische Maßstab muss immer wieder seine Konzilianz, seine Beständigkeit, seine Gültigkeit und auch seine Veränderbarkeit erweisen.

Nicht anders ist es heute. Die individuelle Verantwortung muss in die größere Verantwortung in einer Gemeinschaft eingebaut werden. Immer wieder müssen sich geistig Wendige gegen geistig langsame Mächtige durchzusetzen versuchen (viele Dramen zeigen die Überlegenheit neuer aufstrebender Klassen: Hauptmanns *Biberpelz*, Gotthelfs *Der Gehilfe*). Ähnlich oft müssen die Verantwortlichen nach notwendigen Ausgleichen suchen. Immer wieder müssen Normen überprüft werden.

In der römischen Komödie dient die griechische Gewandung gleichsam als Kennzeichnung des Fantastischen, Unrömischen, und gerade durch diesen Spielcharakter ergibt sich die Möglichkeit, Römisches darzustellen, nicht als Abbild, sondern in vielerlei Brechungen. Nicht die materielle Realität wird abgebildet, sondern es wird mit Möglichkeiten, die im Denken vorhanden sind, experimentiert.[5] Die Komödie ist also Testfall für die Wirklichkeit, der Test lässt sich übertragen.

Zur Kontamination

Auch die *Mostellaria* ist Gegenstand vieler Kontaminationstheorien geworden. Dem möglichen Scharfsinn der Vertreter der Kontaminationstheorien steht das schmale Ergebnis gegenüber. Weder die Rekonstruktion der verwendeten griechischen Komödien ist sicher, noch sind alle Einwände gegen die Gestaltung der Komödien des Plautus akzeptabel.

Dass Plautus bestimmte Witze und Situationen wiederholt, kann als Rondoform

---

5 Vgl. dazu E. Lefèvre, Die römische Komödie, 1974, , S. 45f.

bezeichnet werden,[6] weil er mehrfach zu ähnlichen Komödiensituationen ansetzt oder Scherze wiederholt auskostet. Aber diese Form ist nicht negativ zu sehen, sondern macht Freude und entspannt. Oft dient die Variation in der Wiederholung auch der Spiegelung oder dem Hinauszögern eines Umschwungs. Michael von Albrecht spricht deswegen positiv und zutreffend von einer »Dehnstufe« (142).

Dass eine sonst gutartige Hetäre wie Philematium lieber mehr als weniger Geld bekommt (298), muss nicht ein Bruch in ihrer Charakterzeichnung sein.[7] So stellen manche römischen Elegiker auch ihre Geliebten dar. In vielen Menschen mischen sich verschiedene Charakterzüge, mal zeigen sich manche Charakterzüge stärker, mal schwächer.

Dass Philolaches so lange über den Vergleich von Kindererziehung und Hausbau spricht, muss nicht besagen, dass Plautus aus einer stromlinienförmigen Rede eine längere gemacht hat. Es zeigt nur, dass Philolaches mühsam mit seinem Abweichen von den Erwartungen der Eltern oder des Vaters zurecht kommt.

Dass Pinacium und Phaniscus von Vers 933 bis 338 miteinander sprechen und dabei Theopropides anwesend ist, aber nichts sagt, ist tolerabel, weil er ungläubig hört, was sie sagen, und dies kaum eine halbe Minute dauert.

Stärk meint, in den Szenen II 1–3 laufe zunächst »alles wie am Schnürl«, das Gespräch zwischen Theopropides und Tranio in II 3, 462–482 habe zu Recht Bewunderung erregt und alles diene dem »Telos der Szene«, »die Sache dem Alten plausibel zu machen: die Wiederholungen, die Geheimniskrämerei, das beredte Verschweigen des Frevels, die rhetorische Strategie, beim Bericht mit der Folge zu beginnen (470f.) und die nähere Erläuterung erst später folgen zu lassen (479ff.)« und das sei eine »dynamische, zielgerichtete Dialogführung«, erst mit der berichteten Rede des ermordeten *transmarinus hospes Diapontius* (497–504) »beginnen die Greuel in plautinischer Manier kumuliert zu werden: das Gespenst muss nicht nur als *átaphos* (502), sondern auch – dogmatisch nicht ganz korrekt – als *áôros* (499f.) umgehen«. Man kann es aber fast umgekehrt sehen: Erst ist Tranio unsicher (II 1), dann spielt er den Meister (II 2), dann aber muss er erst langsam eine wirkungsvolle Intrige erfinden. Deswegen erweckt er zuerst Angst und Sorge, bevor er auf den Einfall mit dem Gespenst kommt; und dann – sicherer geworden – trägt er die Rede des »Herrn Übersee« vor und steigert dessen bedauerliches Schicksal. Ob man hier zwischen einem gewalttätig und einem zu früh Gestorbenen unterscheiden soll, ist zweifelhaft. Und wenn, dann hat dies zwei Vorteile: Erstens wird so begründet, warum nicht mit einem Begräbnis der Spuk beendet werden kann; zweitens könnte man sich vorstellen, dass die Klage des Theopropides, dass er den Gefahren der See knapp entkommen sei und fast verfrüht gestorben wäre (431–437), und die anschließende Feststellung Tranios, ein

---

6 Terminus so bei E. Lefèvre: Diphilos und Plautus. Der Rudens und sein Original, Stuttgart 1984, (Abh. Mainz 1984, 10), S. 11. Dazu W. Stärk, Mostellaria oder turbare statt sedare, S. 116, vgl. ebd. S. 122 zu den 807–848.
7 So W. Stärk, ebd., S. 137.

Bote mit der Nachricht vom Tode des Theopropides wäre erwünscht gewesen (442f.), auf die Erfindung des Diapontius und des Gespenstes geführt haben.

Man kann solches Für und Wider weiter aufzählen. Wenn es konkrete Vorlagen gäbe, wäre ein Vergleich mit anderen Bearbeitungen desselben Stoffes aufschlussreich. Mit vermuteten Fassungen kann man aber im Unterricht nichts anfangen. Man kann allerdings neue Fassungen einzelner Szenen schreiben und den Unterschied darstellen lassen.

Würde man aus der Film- und Musicalkomödie »Toll trieben es die alten Römer« *(A Funny Thing Happened on the Way to the Forum)* eine Urvorlage herstellen wollen, man käme auf viele. Die Hinweise zum Nachleben der *Mostellaria* in der Literatur zeigen dasselbe Bild bei den Komödien der Neuzeit. Der Trick und die Kunst bestehen eben darin, aus Motiven und Charakteren etwas Neues zu komponieren. Das liegt bei der *Mostellaria* des Plautus in der Geschlossenheit der Bildsprache, der variantenreichen Verwendung des Hauses als Gegenstand, Metapher und Bild, der Konzentration auf die Auseinandersetzung zwischen der Lebensauffassung des Vaters und der des Sohnes, gespiegelt im Monolog des Philolaches, im trunkenen und nüchternen Verhalten des Callidamates und in der Auseinandersetzung der Sklaven, schließlich kulminierend in dem Wettkampf zwischen Herrn und Sklaven.

Unterrichtsgesichtspunkte

Zur früheren Zurückhaltung gegenüber der Plautus-Lektüre

Die Komödien des Plautus haben früher im Lateinunterricht aus mehreren Gründen eher eine Nebenrolle – bisweilen eine heimliche Nebenrolle (wie auf S. 17 gezeigt werden wird) – gespielt.

Erstens wurden sie wegen ihrer Sprache für zu schwierig gehalten. Vor allem die archaische Schreibweise, einige alte Endungen und Wortformen bereiten hier tatsächlich Schwierigkeiten. Diese lassen sich aber leicht beheben, ohne dass gegen den Geist des Originals verstoßen wird. In allen genannten – in der *Mostellaria* übrigens sehr wenigen – Fällen ist es legitim, die Formen und Endungen klassischen Lateins statt der archaischen Formen einzusetzen. Manchmal unterscheiden sie sich nur im Schriftbild, nicht in der Aussprache. Eine sprachliche Anpassung an die Zeit der jeweiligen Aufführung ist bei Dramen oft üblich, kann sogar für die antike Praxis angenommen werden. Zumindest ist nicht anzunehmen, dass durch solche behutsamen Änderungen viele vom Autor gewollte und gestaltete stilistische Details verloren gehen, nicht einmal Vokalisierungen und Alliterationen. Allerdings kann man die Prosodie nicht mehr nachvollziehen. Das ist ein Verlust, aber er muss hingenommen werden, weil so die Plautuslektüre zu einem frühen Zeitpunkt bzw. überhaupt erst ermöglicht wird.

Auch der Wortschatz bereitet keine unüberwindlichen Probleme. In einer Reihe von Wortkunden gibt es einen größeren oder kleineren Grundwortschatz, der einen kleinen gemeinsamen Nenner aus gängigen Werken der Schullektüre darstellt, und einen Aufbauwortschatz, der für bestimmte Inhalte oder Autoren und Werke die wichtigsten Vokabeln zusammenstellt, die über den Grundwortschatz hinausgehen. Solche werk- oder autorspezifischen Zusammenstellungen häufiger Vokabeln können auch in Textausgaben angeboten werden (vgl. Textausgabe, S. 10–14). Alles, was darüber hinausgeht, ist in einem entsprechend eingerichteten Wort- und Sachkommentar anzugeben.

Zweitens scheute man vor der Vermittlung der Prosodie und der Einübung metrischen Lesens zurück. Dies auszulassen bedeutet einen Verzicht. Schon die vorher genannten leichten sprachlichen Veränderunge stören die metrische Gestaltung und wer zu ihnen Ja sagt, muss auch den Verzicht auf das metrische Lesen hinnehmen. Damit könnte ein Gliederungselement verloren gehen, denn die Komödien sind sorgfältig nach Cantica und Sprechpartien gegliedert. Die beiden Gesangsszenen I 2 und IV 1 können aber auch durch inhaltliche Analyse als Szenen vor dem Beginn der Haupthandlung und vor dem Beginn der Katastrophe erkannt werden.

Drittens wurde lange der Inhalt der Plautuskomödien für zu leichtgewichtig oder für anstößig gehalten. (Einzig der rezeptionsgeschichtlich besonders fruchtbare *Amphitruo* erfreute sich besonderer Vorliebe, aber die psychischen Vorgänge in diesem Drama verlangen reifere Leser. Die Tragikomödie *Captivi* ist einigermaßen untypisch.) Diese Auffassung hat sich in einem beträchtlichen Maß geändert, und seit der 1. Auflage dieses Lehrerkommentars sind einige Plautusausgaben für die Schule erschienen. Einige Tabus sind abgeschwächt oder beseitigt, und man nimmt auch Anstößiges als Unterrichtsgegenstand auf. Heiterkeit, Komik und einfacher Gedankenverlauf werden nicht automatisch als leicht oder leichtgewichtig angesehen. Dagegen, dass nur das Große und Verbindliche der lateinischen Literatur Unterrichtsgegenstand sein solle, haben sich zu Recht viele Didaktiker ausgesprochen. In vielen Bereichen auch des Unterrichts wird die Einkleidung eines schwierigen Stoffes und einer sonst vielleicht trockenen Erklärung in eine heitere Form geradezu gesucht, wie Vorschulprogramme (›Sesamstraße‹), Schulungsfilme, Erwachsenenlehrprogramme, Comics für Unterricht und Volksbildung zeigen. Sie zeichnen sich oft gerade durch Techniken antiker Komödien aus: Rückfragen eines langsam Verstehenden, Wiederholungen oder variierte Wiederholungen des gleichen Stoffes. Vor allem aber treffen Inhalt und Form auf eine Disponiertheit der Schüler.

Die *Mostellaria* – eine moderne, den Erfordernissen des Lateinunterrichts entsprechende Lektüre

Wie viele Komödien zeichnet sich die *Mostellaria* durch die eben erwähnten, mit scheinbarer Leichtigkeit wirkenden, in den heutigen Medien so modernen Techniken aus, die den ›Transport‹ auch schwieriger Inhalte ermöglichen, ohne dadurch auch nur im geringsten an Attraktivität zu verlieren. Dass die Lektüre der *Mostellaria* auch ganz im Sinne des Lateinunterrichts die Konfrontation von Antike und Gegenwart und einen besseren Einblick in beide Zeiten durch intensive sprachliche und inhaltliche Arbeit an einem attraktiven Text ermöglicht, dass sie thematisch den Vorstellungen bereits von Vierzehnjährigen – ebenso aber von Älteren – entsprechen und ebenso den von der Gesellschaft gesetzten Unterrichtszielen dienen kann, können die obige Darstellung von Inhalt, Personendarstellung und Zeitverhältnissen sowie die folgenden Bemerkungen zeigen.

Die meisten dargestellten Einzelheiten zum Leben der römischen Familie, den Berufen, den Wertvorstellungen und Normen bieten Möglichkeiten des Vergleichs und der Konfrontation mit heutigen Verhältnissen und Ansichten, insbesondere die Erziehung der Söhne, die Verantwortung des *pater familias*, die Rolle der Sklaven, die Bedeutung von Wertvorstellungen und der öffentlichen Meinung, ungewöhnliche Typen und Verhaltensweisen. Gerade deswegen ist die *Mostellaria* auch als Anfangslektüre geeignet. Jugendliche sind ab etwa 14 Jahren durchaus sehr nachdenklich über die Ziele und Methoden ihrer häuslichen Erziehung, über die gesetzten und vermittelten Normen und ihre Begründung, über den Ausgleich von eigenem Wollen und fremdgesetzten Anforderungen, über gerechte und ungerechte Behandlung von Menschen. Hierüber in attraktiver Form etwas im Lateinunterricht lesen zu können, kann sowohl Schülerinnen und Schülern helfen als auch dem Lateinunterricht dienlich sein. Liebe, Ehe, Liaison, Glück, Familie, Erwachen der Gefühle, Versuche der Jugendlichen, es den Erwachsenen gleichzutun oder sich von ihnen abzuheben: das sind seit jeher Inhalte von Romanen, Schauspielen, Filmen und Fernsehserien. Realismus und Traumwelt, Sein und Schein, Verzerrung und Idealisierung vermischen sich dabei.

Die präzise Erfassung der eigenen Situation wird möglich durch einen Vergleich mit dem präzise erfassten römischen Hintergrund der Komödie. So findet man heraus, was in der Komödie *Mostellaria* Spiegel der Zeit ist, was in seiner Andersartigkeit für die Zeitgenossen Möglichkeiten der Konfrontation bietet, welche Parallelen und Unterschiede zu heutigen Verhältnissen bestehen, manchmal auch, was die Gründe dafür sind. Da die im römischen Familienbereich geltenden Normen ebenso für den staatlichen Bereich Roms gelten, hat der Schüler zudem bei der Lektüre der *Mostellaria* die gute Möglichkeit, erst einmal am nahe liegenden Objekt diese Normen kennen zu lernen und sie sodann an einer historischen oder politischen Schrift – etwa Caesars *Bellum Gallicum* – in den Staatsbereich übertragen zu sehen.

Lernziele

Die Übersicht über thematische Linien bei der *Mostellaria*-Lektüre zeigt, dass dabei antikes römisches Denken an seiner Basis und in vertrauten Lebensbereichen des Schülers erkannt werden kann. An einer einfachen Handlung und Darstellung, die dennoch von großen poetischen Qualitäten ist, lassen sich wichtige Einblicke in die Antike, ihre gesellschaftlichen Probleme, ihre anthropologischen und moralisch-pädagogischen Vorstellungen und in die Eigenart der Römer gewinnen, die so viele Bildungsinhalte und Lebensformen der Griechen übernehmen wollen, sie aber mit ihrem gesellschaftlichen System und ihren überkommenen kollektiven Denkweisen vereinbaren müssen und wollen. Eine solche Lektüre bildet eine Grundlage für Späteres und gleichzeitig einen Anreiz, lateinische Lektüre als Hilfe bei eigenen Problemen und Gedanken und als lohnend auch in der Oberstufe anzusehen. Der frühe Eindruck entscheidet.

Es ließen sich entsprechend die folgenden größeren Lernziele der *Mostellaria*-Lektüre formulieren:

Inhaltliche Lernziele
– Einblick in das römische Erziehungssystem: Erziehung durch Eltern statt durch Sklaven und Lehrer; Elementarschule; Umgang mit Erwachsenen; Militärdienst (2. Jahrhundert v. Chr.).

- Einblick in einige Prinzipien des römischen Familienlebens: Gehorsam, Verantwortung, gemeinsame sittliche Normen.
- Kenntnis römischer Normen und Wertvorstellungen des 2. Jahrhunderts v. Chr.: Achten auf den Ruf in der Öffentlichkeit; Ausrichtung der Erziehung und der Tätigkeiten sowie deren Bewertung nach ihrem Nutzen für den Staat; *virtus, labor, industria, verecundia, duritia, parsimonia.*
- Einblick in das Problem der Charakterbildung.
- Einblick in römische Gesellschaftsstrukturen und -probleme: Herr – Sklave, Mann – Frau; Stellung und wirtschaftliche Bedeutung der Sklaven; Klientelwesen; Verhältnis zum griechischen Denken; Versuch, römische Normen und griechisches Individualitätsdenken zu verbinden.

Sprachlich-literarische Lernziele

- Kenntnis der Elemente einer Komödie: Prolog, Monolog, Dialog, Schlussbitte an die Zuschauer.
- Kenntnis charakteristischer Personen der römischen (und hellenistischen) Komödie: Väter, Söhne, Sklaven, Angehörige bestimmter, damals wenig angesehener Berufsgruppen, z. B. Hetären, Bankiers (Geldverleiher).
- Kenntnis einiger Eigenarten der römischen Komödie: Wendung *ad spectatores;* Straßenszenen statt Innenszenen; Möglichkeit des Mithörens und Kommentierens von Aussagen anderer Personen, ohne dass diese davon etwas merken; Wechsel von Mitteilungen an einen Dialogpartner und an das Publikum gerichteten Gedanken.
- Kenntnis stilistischer Mittel wie rhetorische Frage, Anapher, Vergleich, Chiasmus, Ellipse, Epanalepse, Dihaerese und Fähigkeit, ihre inhaltliche Wirkung zu deuten.
- Kenntnis einiger Mittel zur Erzeugung von Spannung und Komik: Verzögerungen, Andeutung, bewusstes Missverstehen oder Wörtlichnehmen, Beobachten der Scheinwelt durch ein wissendes Publikum.
- Fähigkeit zur Texterschließung nach textsemantischen und textsyntaktischen Gesichtspunkten.
- Fähigkeit zum ausdrucksvollen Lesen unter Beobachtung der Stimmführung und der Gestik und Mimik (nicht der Metrik).

Einsatzmöglichkeiten, Zeitansatz und Textauswahl

Die Ausführungen zu Inhalt und Sprache der *Mostellaria* haben deren Eignung als Anfangslektüre gezeigt, das heißt die Einsatzmöglichkeit bereits ab Klasse 8 bei Latein als erster Fremdsprache und ab Klasse 9 oder 10 bei Latein als zweiter oder dritter Fremdsprache. Geht man von einem Zeitansatz von etwa 40 Unterrichtsstunden aus, so ergibt dies bei vier Wochenstunden zehn, bei drei Wochenstunden 13 bis 14 Wochen. Dies scheint bereits eine obere Grenze für jede Lektüre zu sein, wenn man Abwechslung sichern, Motivation bewahren und ein sinnvolles Zeitverhältnis zu anderen Themen und Texten erreichen will. Dieser Kommentar nennt zu einer Reihe von Szenen Feinziele unter dem Stichwort ›Herkunft, Erziehung und Verhaltensnormen in der heiter-verzerrten Darstellung einer römischen Komödie‹. Lektüreverlauf und Auswahl unter diesem Gesichtspunkt umfassen folgende Szenen:

I 1 (1–83 = 83 Verse), I 2 (84–156 = 71 Verse), I 4 (313–347 = 35 Verse, in der Übersicht nicht weiter besprochen), II 1 (348–408 = 61 Verse), II 2 (409–418 = 10 Verse), II 3 (431–531 = 101 Verse), IV 1 (858–884 = 27 Verse), IV 4 (904–932 = 29 Verse), V 1 (1041–1063 = 23 Verse), V 2 (1064–1121 = 58 Verse), V 3 (1122–1181 = 60 Verse).

Dies sind insgesamt 558 Verse. Will man weiter kürzen, so lässt sich dies zum Beispiel bei den Szenen I 1, V 1 und V 2 tun. In der Auswahl sind bereits die Texte möglicher Klassenarbeiten enthalten (vgl. S. 32–37). Andererseits wird man, wenn man die *Mostellaria* in einem Kurs mit spät beginnendem Latein oder in anderen Lateinkursen erst später – nach anderer Lektüre – liest, vielleicht andere Ziele setzen und eine andere Auswahl treffen wollen. Die Textausgabe bietet dazu die Möglichkeit, indem sie kein bestimmtes Thema vorschreibt, den gesamten Text enthält und zu allen Szenen Arbeitsaufträge und Begleittexte anbietet.

Ferner bietet der vorliegende Kommentar meistens Vorschläge für eine satzübergreifende Texterschließung, die die Erschließung des einzelnen Satzes wesentlich erleichtert, weil nach der satzübergreifenden Texterschließung bereits der Textverlauf deutlich ist, in den dann die einzelnen Sätze sinnvoll eingegliedert werden können, und weil – bei einem Drama besonders wichtig – auch die szenische Vorstellung vor der Einzelanalyse vorhanden ist, nicht etwa erst durch ein langsames Analysieren Satz für Satz erarbeitet werden muss. Dies trägt – wie übrigens auch die szenischen Erläuterungen – zur Beschleunigung der Texterfassung bei.[8] Für alle Szenen sei auf die Einzelbesprechung auf den Seiten 42–87 verwiesen. Lehrpläne und didaktische Literatur bieten ähnliche Auswahlvorschläge.

Der Lehrplan für die Sekundarstufe I des Landes Nordrhein-Westfalen[9] schlägt z. B. als Thema vor: Dolce vita, Intrigen und ein glückliches Ende: Plautus, *Mostellaria*.

Willibald Heilmann[10] schlägt drei verschiedene Auswahlen vor, je nachdem, ob man die Verwicklung der Handlung, die Darstellung »gesellschaftlicher Typen« oder die Komik in den Mittelpunkt stellt.

---

8 Vgl. dazu auch die Ausführungen des Verfassers in: Lateinunterricht. Didaktik und Methodik, Göttingen 1978, S. 64–1; H.-J. Glücklich/R. Nickel/P. Petersen: interpretatio. Neue lateinische Textgrammatik. Lehrerhandbuch, Freiburg/Würzburg, S. 3 f., 68 f.

9 Kultusministerium des Landes Nordrhein-Westfalen (Hg.): Richtlinien und Lehrpläne. Latein. Gymnasium. Sekundarstufe I, Frechen 1993, S. 108–110: »4.3.4 Beispiele für die Gestaltung einer Unterrichtsreihe in der Phase der kontinuierlichen Lektüre Beispiel 1 (vgl. 2.4.3.3 Nr. 2)«.

10 Komödienlektüre im Lateinunterricht, S. 7.

(Szenen nach der Oxford-Ausgabe, in Klammern nach Exempla 3)

Für die Verwicklungen der Handlung typische Szenen	Personen, die den Konflikt bestimmen (gesellschaftliche Typen)	Komik
	I 1	
II 1 (II 1 und II 2)	vielleicht I 2, 84–92; 120–156	I 2, 84–92; 120–156
II 2 (II 3)	II 1 (II 1 und II 2)	I 4
IV 2 (IV 4)	II 2 (II 3)	II 1 (II 1 und II 2)
V 2, von 1153 an (V 3)	IV 2 (IV 4)	II 2 (II 3)
		IV 2 (IV 4)
Zusammen 270 Verse	Zusammen 325 bzw. (mit Partien von I 2) 371 Verse	Zusammen 323 Verse

Heilmann lässt Mischungen der drei Themenstränge zu. Der Lehrplan Nordrhein-Westfalen führt aus:[11] »Bei der Lektüre darf zunächst das heute Verständliche im Vordergrund stehen: die Komik, wie sie mit ähnlichen Mitteln im modernen Lustspiel und über dieselben Themen (Geld, Ehe, Generationenkonflikt usw.) erreicht wird. Aus der näheren Betrachtung muss dann die Erkenntnis der uns weithin fremden Verhältnisse hervorgehen. Die meist über 1000 Verse umfassenden Originale müssen auf jeden Fall gekürzt werden; dabei darf die zügige Handlung vor dem gedanken- und thesenreichen Monolog Vorrang haben. Zur anschließenden Reflexion über die Fremdheit antiken Lebens und Denkens können diese allerdings eine wichtige Rolle spielen. In Plautus' *Mostellaria* lässt sich das so bewerkstelligen, dass zunächst der Hauptstrang der Handlung etwa durch die folgenden Szenen verfolgt wird: Verse 313–347 (Szene I 4); 348–408 (II 1); 431–531 (II 2) [509–527 sind entbehrlich]; 532–689 (III 1) [578–587 und 607–635 entbehrlich]; 858–884 (IV 1); 904–932 (III 3) [919–928 entbehrlich]; 933–992 (IV 2); 993–1040 (IV 3) [995–1007 entbehrlich]; 1041–1121 (V 1) [1066–1073 entbehrlich];1122–1181 (V 2). Das sind zusammen 570 Verse. – Für die Erweiterung des Bildes von den Sklaven kann im Anschluss an die Szene IV 1 (aber besser erst nach Abschluss des Durchgangs durch das ganze Stück) die Eingangsszene (I 1) ›Der Streit zwischen dem Stadt- und dem Landsklaven‹ gelesen und erläutert werden. Zur Situation unfreier Frauen, hier der Hetären, ist die Szene I 3 illustrativ. Ein gutes Beispiel für den reflektiven Monolog in der Palliata bietet II 1, über Erziehungsprobleme. Sie lohnt eine sorgfältige Texterschließung.«

---

11 a. a. O., S. 109. Allerdings ist die Abweichung von der Szenenfolge des Autors problematisch.

Aufgabenstellungen für Referate und Protokolle, Lesen und Spielen

Es hängt vom jeweiligen Einsatz der *Mostellaria*-Lektüre ab – also ob als Anfangslektüre oder später, ob in einer Klasse mit Latein als erster, zweiter oder dritter Fremdsprache –, wie man die Lektüre gestaltet und durch weitere Aktivitäten anregend macht, welche affektiven Haltungen man fördern, welche Anregungen zur Kreativität man durch entsprechende Arbeit vermitteln kann. Dafür sei eine einfache Liste möglicher Themen und Aktivitäten gegeben[12]:

(1)   Ziele der Lektüre
(2)   Griechische Einflüsse in Rom um 200 v. Chr.
(3)   Herren und Sklaven
(4)   Das Haus der römischen Nobiles
(5)   Der Wucherer – Berufe und ihre Einschätzung
(6)   Außenseiter in der Komödie
(7)   Sklaven als Dichter und Erzieher
(8)   Die Zeit des Plautus
(9)   Das Werk des Plautus
(10) Theater und Aufführungspraxis in Rom
(11) Sprechende Namen
(12) Schreibmaterialien
(13) Antike ›Bücher‹
(14) Die Überlieferung antiker Texte in der Antike
(15) Die Überlieferung antiker Texte im Mittelalter
(16) Die Überlieferung antiker Texte in der Neuzeit
(17) Satzabbildungen
(18) Textsemantik
(19) Textsyntax
(20) Wortfelder – Die Arbeit mit dem Lexikon
(21) Das Übersetzen – Probleme und Übersetzungskommentar
(22) Stilistische Erscheinungen und ihre Wirkung
(23) Tafelbilder und ihre Auswertung
(24) Stundenprotokolle und Kurzinterpretationen zu einzelnen Szenen oder Szenenabschnitten
(25) Die Beurteilung des Philolaches
(26) Das Urteil über Tranio (auch als »Gerichtssitzung« möglich)
(27) Begriffsuntersuchungen, z. B. über *virtus*
(28) Ausarbeitung zusätzlicher Szenenanweisungen für Vortrag oder Aufführung

---

12 Wie sich dies bei einer Anfangslektüre bei Latein ab 5. oder 7. Klasse in einer sehr motivierenden und auch Eltern ansprechenden Form dokumentieren kann, zeigt E. Rieger, Cornelius Nepos. Alcibiades, Cliniae filius, Atheniensis. Das Leben – ein Drama. Unveränderte Beiträge aller Schüler der Klasse 8c des Wittelsbacher-Gymnasiums in München 1977 (MS).

(29) Lesen
(30) Spielen
(31) Zeichnen oder Malen von Szenen
(32) Vertonung eines Monologs (z. B. I 2) im Musikunterricht
(33) Das Nachleben der *Mostellaria*

Für viele der genannten Themen bietet die Ausgabe durch ihre Begleittexte Material und durch die Einübung bestimmter Fragehaltungen und Untersuchungstechniken Anhaltspunkte und Unterstützung.

Charakterisierungen und Beurteilungen

Eine besonders interessante und auch begeisternde Form der Arbeit ist die Sammlung der Äußerungen zur Gesamtcharakterisierung der verschiedenen Personen. Sie kann durch Arbeitsbögen unterstützt werden, auf denen am Anfang eine Zeichnung der Person oder ein Bild aus einer Wandmalerei steht. Darunter können dann die Belege aufgeführt werden, am besten in mehreren Spalten: Stelle (Vers) – Charakterisierung, lateinisches Zitat – deutsche Zusammenfassung – wer spricht das aus? – Beurteilung des Wahrheitsgehalts.

Man kann auch zu jeweils zwei Personen parallel die Charakterisierungen sammeln und dann vergleichen. Als Paare bieten sich an: Tranio – Grumio; Philolaches – Callidamates; Philematium – Scapha; Theopropides – Simo; Phaniscus – Pinacium.

Zu diesen Vergleichen empfiehlt sich nach der genauen Textbelegsammlung die Erstellung von Sympathie- oder Charakterkurven. Aus einer vorgegebenen Liste wird die Stärke eines Charakterzugs bei den jeweils verglichenen Personen angekreuzt, zum Schluss werden die Kreuze durch eine Linie (Kurve) verbunden. Man kann dann die beiden Kurven vergleichen und die Schülerinnen und Schüler über die Wertungen und den Vergleich diskutieren lassen. Wenn die beiden Kurven auf gleichartigen Folien stehen, können sie sogar übereinander gelegt werden, sodass entweder die verschiedene Bewertung einer Person durch zwei Schülerinnen oder Schüler oder die verschiedene Bewertung zweier Personen durch jeweils einen Schüler oder eine Schülerin sichtbar werden.

Man kann in einem frühen Stadium des Lateinunterrichts die Kriterien vorgeben, später kann man die Schüler sie selbst finden lassen. Zu allen Wertungen sollten auf einem getrennten Blatt oder unten als Anmerkungen begründende Textzitate vermerkt werden.

Zu Tranio und Grumio könnten die beiden Zeichnungen von Martina Kaul (Mainz) auf das Arbeitsblatt gesetzt werden.

TRANIO   **GRUMIO**

Vers	Charakterisierung	Vers	Charakterisierung

(2) Zu Philolaches die folgende Zeichnung (von Martina Kaul):

PHILOLACHES

Vers	Charakterisierung, lateinisch	deutsche Zusammenfassung	wer spricht das aus?	Beurteilung des Wahrheitsgehaltes

(3) Die Vorlagen für Sympathiekurven könnten so aussehen:

Sympathiekurve zu Philolaches und Callidamates

	gar nicht	weniger	mittel	viel	sehr
intelligent					
witzig					
dumm					
bescheiden					
von sich eingenommen					
ängstlich					
humorlos					
falsch					
sprunghaft					
berechnend					
religiös					
areligiös					
attraktiv					
hässlich					
abstoßend					
tapfer					
mitfühlend					
ehrlich					
zuverlässig					

Sympathiekurve zu Tranio und Grumio

	gar nicht	weniger	mittel	viel	sehr
abstoßend					
ängstlich					
areligiös					
attraktiv					
bescheiden					
brutal					
dumm					
ehrlich					
falsch					
gehorsam					
intelligent					
mitfühlend					
religiös					
selbsteingenommen					
servil					
sprunghaft					
tapfer					
witzig					
zuverlässig					

Sympathiekurve zu Philematium und Scapha

	gar nicht	weniger	mittel	viel	sehr
gefühlvoll					
religiös					
hässlich					
selbsteingenommen					
ängstlich					
humorlos					
falsch					
sprunghaft					
berechnend, gerissen					
areligiös					
schön					
bescheiden					
tapfer					
witzig					
ehrlich					
zuverlässig					

Sympathiekurve zu Theopropides und Simo

	gar nicht	weniger	mittel	viel	sehr
gefühlvoll					
religiös					
hässlich					
selbsteingenommen					
ängstlich					
humorlos					
falsch					
sprunghaft					
lasterhaft					
berechnend					
areligiös					
schön					
bescheiden					
tapfer					
witzig					
ehrlich					
zuverlässig					

Sympathiekurve zu Phaniscus und Pinacium

	gar nicht	weniger	mittel	viel	sehr
gefühlvoll					
religiös					
hässlich					
selbsteingenommen					
ängstlich					
unwitzig					
falsch					
sprunghaft					
berechnend					
areligiös					
schön					
bescheiden					
tapfer					
witzig					
ehrlich					
zuverlässig					

Kommunikation mit den Personen der Komödie

Immer interessant, unterhaltsam und gleichzeitig ergebnisreich ist die direkte Kommunikation mit dem Autor und seinen Figuren. Die heutigen Schüler werden zum freundlichen, manchmal auch jovialen »Ratgeber«. Sie begeben sich in die Situation eines modernen Ratgebers für die Probleme, die antike Figuren haben. Der Rat kann erfolgen durch Gespräch (Dialog), Brief, Ansprache, Glückwunschkarte, manches andere, das der Fantasie der Schüler entspringt. Das kann vom Gespräch mit einem Freund bis zum Besuch beim Psychologen gehen. Vgl. die Aufgabe aus der *Mostellaria*-Ausgabe zu I 2: »Philolaches beim Psychiater: Welche Ratschläge sollte man ihm geben?«
Dadurch werden das Problem der Figur, die Tabus oder die Denkvoraussetzungen des antiken Autors und seiner Figuren, aber auch die heute veränderten Ein-

stellungen deutlich – und zwar beides zugleich. Darin liegt das Ziel und darin liegt der Reiz einer Lektüre.

Man kann dies auch hermeneutisch untermauern: In der Gleichzeitigkeit zweier Welten, in ihrer Verschmelzung und in dem Versuch ihrer Entflechtung liegt der ästhetische Reiz der Philologie und des Interpretierens.

Einsatz des Filmes *Toll trieben es die alten Römer*

Der Film *Toll trieben es die alten Römer* heißt im amerikanischen Original *A Funny Thing Happened on the Way to the Forum* und stammt aus dem Jahr 1966. Er folgt einer Komödie von Burt Shevelove und Larry Gelbart, die immer wieder in Broadway-Musicalproduktionen umgesetzt wurde, auch noch in den letzten Jahren. Der Film folgt der Bühnenproduktion von Harold S. Prince, zu der Burt Shevelove und Larry Gelbart die Bühnenfassung erstellt, Stephen Sondheim Musik und Liedtexte komponiert haben. Produzent ist Melvin Frank, die Regie führt Richard Lester. Die musikalische Leitung und die Bearbeitung der Bühnenmusik oblagen Ken Thorne.

Der Film ist sowohl als deutsche DVD als auch als amerikanische DVD erhältlich und wird auch öfters im Fernsehen gezeigt. Die Spieldauer beträgt ca. 92 Minuten. Die Kapiteleinteilung ist auf der amerikanischen DVD detaillierter (28 »Kapitel« gegenüber 16 »Kapitel« auf der deutschen DVD). Die amerikanische Fassung klingt auch in den Songs und Dialogen etwas weniger flach. Die Bestellnummern sind für die amerikanische Edition MGM DVD Nr. 908091, für die deutsche: MGM DVD Bestell-Nr. 1730208 (MGM Home Entertainment LCC 2004). Darsteller: Erronius – Buster Keaton; Pseudolus – Zero Mostel; Lycus – Phil Silvers; Hero – Michael Crawford; Hysterium – Jack Gilford; Philia – Annette Andre; Domina – Patricia Jessel; Senex – Michael Hordern; Miles – Leon Greene; Gloriosus – Roy Kinnear; Regie: Richard Lester; Kamera: Nicolas Roeg; Musik: Stephen Sondheim, Irwin Kostal; Drehbuch: Melvin Frank, Michael Pertwee nach einer Komödie von Burt Shevelove und Larry Gelbart.

Die Website des Norddeutschen Rundfunks veröffentlichte anlässlich einer Filmausstrahlung die folgende zutreffende Inhaltsangabe: »Der junge Hero, Sohn einer wohlhabenden Familie im antiken Rom, verliebt sich in die schöne Sklavin Philia. Doch Lycus, der Besitzer des Etablissements, in dem Philia arbeitet, hat die schöne junge Sklavin bereits an den glorreichen Feldherrn Gloriosus verkauft. Hero ist todunglücklich. Der listige Haussklave Pseudolus wittert seine Chance. Unter der Bedingung, dass Hero ihm die Freiheit schenkt, will Pseudolus Philia entführen. Doch der Plan misslingt. Als Gloriosus mit seinen Soldaten anrückt, um seine Braut abzuholen, ersinnt Pseudolus geschwind einen neuen Plan. Er erklärt dem eitlen Feldherrn, seine Braut sei vor Aufregung gestorben und inszeniert eine Trauerfeier. Doch Gloriosus erkennt, dass er hinters Licht geführt werden sollte, und will alles niederbrennen. Im letzten Moment kehrt Erronius von einer langen Reise zurück. Er war auf der Suche nach seinen beiden Kindern, die vor zwanzig Jahren von Piraten entführt worden waren. Jetzt erkennt er in Gloriosus und Philia den verlorenen Sohn und die verlorene Tochter. Die beiden können nun nicht mehr heiraten, sie sind Geschwister. Und Hero ist glücklich.«

Das Bühnenbild lässt sich zunächst vergleichen; in der *Mostellaria* zwei oder drei Häuser (das des Theopropides, das Simos und das Philematiums); im Film – wie dort eingangs (Kap. 2) erklärt wird – drei Häuser: das des Dominus, das des Erroneus, das des Lycus; diese Vorstellung wird jedoch bald verlassen, es gibt Innen-, Garten-, Straßenszenen, Wagenrennen u.a.

Eine ganze Reihe von bedeutenden Handlungsteilen und Charakteren scheinen direkt der *Mostellaria* entsprungen. Hier eine tabellarische Übersicht (die Kapitelangaben folgen der deutschen DVD):

Inhalt	*Mostellaria*	*Toll trieben es die alten Römer*
Sklaven sind Konkurrenten und drohen, einander beim Herrn anzuschwärzen.	I 1	Kap. 7
Der junge Mann schwärmt für seine Geliebte.	I 3	Kap. 3
Der verliebte Sohn braucht die Hilfe des Sklaven.	II 1	Kap. 3
Als ein Haus nicht betreten werden darf, weil es mit feiernden Jungen und mit Hetären belegt ist, wird der zurückkehrende Vater damit getäuscht, es spuke im Haus und deswegen dürfe er es nicht betreten.	II 3	Kap. 8
Ein *dominus* flieht vor seiner sexlüsternen Frau aus dem Haus.	III 2	Kap. 4 und 8
Er ist aber selbst sexbesessen.	III 2	Kap. 4 und 8

Andere Motive und Charaktere stammen ersichtlich aus anderen Komödien des Plautus. Die Autoren haben aus vielen verschiedenen Motiven eine neue Komödie gemacht. Das ist sicher eine »Kontamination«, aber eine gelungene Geschichte mit all den Zufälligkeiten, Ungereimtheiten und komischen Figuren, die man aus den Komödien des Plautus kennt.

Die lange und lustige Schlusssequenz (Kapitel 14) enthält viele Zitate aus anderen Filmen und parodiert sie. Dass jemand durch Mühlenflügel vom Wagen geworfen wird, stammt aus *Der General* (Buster Keaton, 1926), wo das Rohr der Wasserversorgung für Lokomotiven dasselbe bewirkt. Dass ein Mann einem als Frau verkleideten Mann erklärt »Eigentlich bin ich dir ja noch ein bisschen böse«, stammt aus *Manche mögen's heiß* (*Some like it hot*, Billy Wilder 1959); und natürlich parodiert das Wagenrennen die berühmte Szene aus *Ben Hur* (Stummfilm 1926, Tonfilm 1959).

Die genannten Szenen und Kapitel können miteinander verglichen werden. Die Komödienlektüre wird dadurch anschaulicher. Bauprinzipien der Komödie (Prolog, Cantica, Dialoge) und Mittel komischer Wirkung (Witze, Verdrehen von Worten, Irreführung, körperliche und seelische Eigenarten) können parallelisiert werden. Gleichzeitig ist der Vergleich der eigenen und der filmischen Interpretation möglich; daraus ergeben sich Erkenntnisse über die Antike und über die rezipierte und vermeintliche Antike. Zudem sind Vergleiche antiker Lebensvorstellungen mit modernen möglich. Die Berücksichtung der Schlussszene des Films zeigt, wie sich viele Komödien und Filme in einem neuen Film vereinen.[13]

Vorschläge für Klassenarbeiten

Als Vorschläge seien verschiedene Textpartien genannt, die als Text einer Klassenarbeit dienen könnten. Interpretationsfragen sind angeschlossen oder können der *Mostellaria*-Ausgabe entnommen werden.

1) IV 1, 858–873 = 105 Wörter:

Diese Stelle ist früh als Klassenarbeit einsetzbar, weil die Thematik in der Szene I 1 bereits vorgestellt worden ist und sogar Vergleichsfragen gestellt werden können. Sie lässt sich außerdem an verschiedenen Stellen kürzen, sodass sich eine geringere Wortzahl ergibt:

(a) Bei Kürzung um die Verse 872–873 ergibt sich eine Wortzahl von 89 Wörtern. Die beiden Zeilen sind im Satzbau einfach, bringen jedoch inhaltlich etwas Neues gegenüber dem Vorigen bzw. etwas vorher nicht explizit Dargestelltes und bereiten jüngeren Schülern mit ihrer behaupteten Wirkung des Sklavenverhaltens auf das des Herrn manchmal Verständnisschwierigkeiten.

(b) Bei Kürzung um die Verse 868–869 ergibt sich eine Wortzahl von 93 Wörtern. Die beiden Zeilen bereiten Schwierigkeiten dadurch, dass man sich in beiden *ut*-Sätzen noch einmal *corium* hinzudenken muss, im ersten *ut*-Satz als Subjekt, wiewohl *corium* erst danach genannt wird (man könnte freilich auch lesen: *ut adhuc fuit corium, esse oportet),* im zweiten *ut*-Satz als Akkusativ-Subjekt (Subjekt eines A.c.i.) zu *verberari*.

(c) Zur weiteren Verkürzung können vv. 865–867 und zusätzlich v. 871 in deutscher Übersetzung angegeben werden: 865–867: »Sie vermehren es aus ganz wenigem – bereiten sich eine Vorratskammer voll daraus. / Ich habe den Plan im Herzen, mich lieber vor dem Übel zu hüten, als dass mein Rücken weh tut.« 871: »Während das Übel in andere hineinregnet, soll es nicht in mich hineinregnen!«

---

13 Vgl. F. Lillo Redonet: El cine de Romanos y su aplicación didáctica, Madrid 1994, S. 49–56; Larry Gelbart: The Funny Thing Was, How Old Humor Is, in: The New York Times , Sunday April 7, 1996. H 4 und H 6.

Mögliche Arbeitsaufträge zur Szene:

1. Wie unterscheiden sich nach Meinung des Phaniscus gute und schlechte Sklaven?
2. Worin gleichen sich Verhalten und Argumentationsweise Grumios in Szene I 1 und des Phaniscus?
3. Welche Wörter sind in den vv. 859 und 861 durch die Wortstellung hervorgehoben? Schildere die Wortstellung.
4. Wie wertet Phaniscus seine totale Unterwerfung unter den Willen des Herrn um oder auf?
5. Welche sprachlichen Anhaltspunkte hat die (vom Herausgeber hinzugefügte) Regieanweisung in 870?

2) III 2, 758–769 = 89 Wörter:

Diese Stelle lässt sich als Text einer Klassenarbeit verwenden, wenn man vorher die Szenen I 2 (mit der Erwähnung des Hausbaus und des Vorbilddenkens) und II 3 (mit dem Kennenlernen einer Intrige, der Technik der Vorspiegelung und entsprechend witziger Wirkungen bei einem informierten Publikum) gelesen hat und nun die Szenen des dritten Aktes ganz oder weitgehend auslassen will. Da die vielen Ablativformen Schwierigkeiten bereiten können, empfiehlt sich eine vorherige kurze Wiederholung. Zur Einleitung ist ein längerer Übergangstext notwendig, etwa folgender Art: »Theopropides hat erfahren, dass ein Geldhändler (Wucherer) von Philolaches die fällige Zahlung fordert. Philolaches hatte sich von diesem das Geld geliehen, um Philematium freikaufen zu können. Es ist Tranio gelungen, Theopropides glaubhaft zu machen, Philolaches habe das Geld zum Kauf eines neuen Hauses verwendet – im alten Haus ist ja augenblicklich das ›Gespenst‹. Nun will aber Theopropides das neue Haus besichtigen. Tranio sagt, es sei das Nachbarhaus, das Philolaches gekauft habe. Er muss nun den Nachbarn Simo dazu bewegen, mit einer Besichtigung seines Hauses einverstanden zu sein, und ihm eine Begründung für den Wunsch des Theopropides geben, Simos Haus zu besichtigen.«

3) V 3, 1154–1166a (*dispudet*) = 102 Wörter, wobei -*que* 1157 und 1160 als eigenes Wort gerechnet ist:

Dieser Text kann gut als letzte Klassenarbeit der Plautuslektüre verwendet werden und zugleich der Überprüfung bisher erarbeiteter Ergebnisse zum Charakter des Philolaches und des Theopropides sowie zur Technik der Rede und zu stilistischen Gestaltungsmitteln dienen. Eine Wiederholung infinitivischer Ergänzungen und des A.c.i. empfiehlt sich vorweg, weil diese im Text häufig vorkommen, und zwar sowohl in Formen der Gleichzeitigkeit wie der Vorzeitigkeit, mit und ohne Vorverweis (1165 Vorverweis *hoc*) und in der relativischen Verschränkung (deren Wiedergabe mit »Gewichtsverschiebung« ebenfalls zu üben wäre). Weitere Schwierigkeiten könnten sich ergeben bzw. könnten vorher durch Übung vermieden oder durch Erklärungen zum Arbeitstext behoben werden: der abhängige

Wunsch(satz) ohne Konjunktion 1157 *(ignoscas);* Verständnis und Auswertung des Satzes *Tuus est* 1157; Verständnis und Auswertung des Ausdrucks *illanc aetatem* (»ein Alter wie das seine«, »junge Leute seines Alters«) 1158; die Formen des Konjunktivs II 1164.

4) Plautus, *Mercator,* Szene IV 6, 817–828:
Die Lage der Frau – und der Gedanke einer Sklavin zu ihrer Verbesserung

In einer Komödie des Plautus hat ein Ehemann eine schöne Sklavin gekauft und im Haus seines Nachbarn untergebracht, dessen Frau gerade abwesend ist. Er hat natürlich ganz bestimmte – nicht ehrenvolle – Absichten. Aber er kann sie nicht verwirklichen. Denn die Frau seines Nachbarn kommt, misstrauisch geworden, früher vom Land zurück. Sie entdeckt die schöne junge Frau im Haus und glaubt, sie werde hintergangen. Ihre alte Sklavin Syra klagt, nachdenklich und entschlossen zugleich, über die Lage der Ehefrauen:

1 Ecastor, lege durâ vivunt mulieres
2 multoque iniquiore – miserae – quam viri.
3 Nam si vir scortum duxit clam uxorem suam
4 et id rescivit uxor, inpune est viro.
5 Uxor si clam virum domo egressa est foras,
6 viro fit causa: exigitur matrimonio.
7 Utinam lex esset eadem, quae uxori est, viro!
8 Nam uxor contenta est – quae bona est – uno viro.
9 Qui minus vir unâ uxore contentus sit?
10 Ecastor! Si viri, qui clam uxorem scortum duxerint,
11 itidem plectantur ut illae, quae in se culpam commerent,
12 et exigantur, plures viri sint vidui quam nunc mulieres.

90 Wörter, Z. 3–12: 80 Wörter, die vv. 10–12 könnten auch in einer bearbeiteten Kurzfassung folgendermaßen angeboten werden:

10 Ecastor! Si viri, qui clam uxorem scortum duxerint,
11 itidem
12 exigantur, plures viri sint vidui quam nunc mulieres.

Die vv. 10–12 enthalten dann 17 Wörter. Das ergibt mit Z. 3–9 (die 54 Wörter enthalten oder, wenn man das einleitende *nam* weglässt, 53) 70 Wörter.

Vokabeln

1 ēcastor: beim Kastor! *(ein volkstümlicher Held).* **2 inīquus**: ungerecht. **3 scortum**: Hure. **condūcere**, dūxī, ductum: mieten. **clam** + *Akk.*: heimlich vor. **4 rescīscere**, scīvī: entdecken. **inpune est** + *Dat.*: es ist für jdn. straffrei, jd. bleibt ohne Strafe. **5 forās**: nach draußen. **6 causa**: Rechtsgrund. **exigere**: hinaustreiben, hinauswerfen *(mit Abl. der Trennung).* **matrimonium**:

Ehe. **8 contentus** + *Abl.*: zufrieden mit. **quī minus**: warum nicht ebenso? **10 dūxerint**: *Futur II oder Konj. Perf. (in jedem Fall vorzeitig zu* plectantur). **11 itidem**: genau so. **plectī**: bestraft werden, büßen. **culpam commerēre**: Schuld aufladen. **12 viduus**: ohne Ehepartner, verlassen.

Mögliche Arbeitsaufträge (außer der Übersetzung):

1. Erkläre die Wirkung folgender ungewöhnlicher Wortstellungen:
   a) 1–2: *mulieres – miserae* getrennt statt zusammen;
   b) 5: *uxor* vor *si* statt danach;
   c) 8: *quae bona est* vor *uno viro* statt nach *uxor*.
2. In v. 3 verwendet Syra die Formulierung *scortum ducere* statt des üblichen *scortum conducere*. Damit erreicht sie, dass der Ausdruck einem anderen ähnlich klingt: *uxorem ducere*: »eine Frau heiraten« (eigtl.: »die gesetzlich angetraute Ehefrau ins Haus führen«). Warum tut sie das?
3. Warum verwendet Syra
   a) in 7 den irrealen Konjunktiv,
   b) in 8 den Indikativ,
   c) in 9–12 den potentialen Konjunktiv?
4. Welchen Sinn und welche Ursache kann es haben, dass die greise Sklavin Syra diese Gedanken ausspricht statt der Ehefrau? (Mehrere Gründe und Ziele sind möglich.)

5) Terenz, *Heautontimorumenos*, Szene II 1, 213–221: Die ungerechten Väter sollten es eigentlich besser wissen!

Ein junger Mann hat sich verliebt und richtet sein ganzes Leben und sein ganzes finanzielles Verhalten danach ein. Sein Vater ist damit überhaupt nicht einverstanden. Er weist ihn auf die schrecklichen Folgen seines Verhaltens hin und dabei insbesondere auf den Sohn eines Nachbarn, den der Vater aus dem Haus geworfen hat (was dieser allerdings nun bedauert, aber davon sagt dieser Vater nichts).
Der verliebte Sohn beklagt sich über Väter im allgemeinen und über seinen Vater im besonderen und will natürlich, wenn er einmal selbst Vater sein sollte, alles viel besser machen:

1 Quam iniqui iudices sunt patres in omnes adulescentes!
2 Qui aequum esse censent nos a pueris ilico nasci senes
3 neque illarum adfines esse rerum, quas fert adulescentia.
4 Ex suâ lubidine moderantur, nunc quae est, non, quae olim fuit.
5 Mihi si umquam filius erit, ne ille facili me utetur patre!
6 Nam et cognoscendi et ignoscendi dabitur peccati locus;
7 non ut meus, qui mihi per alium ostendit suam sententiam.
8 Perii! Is mihi, ubi adbibit plus paulo, sua quae narrat facinora!
9 Nunc ait: »Periclum ex aliis facito, tibi quod ex usu sit!«

88 Wörter, bis Z. 7: 66 Wörter , Z. 1–7 + 9: 77 Wörter.

Vokabeln

1 inīquus: iniūstus. **iūdex**, dicis *m.* : Richter. **in** + *Akk.*: gegenüber. **2 cēnsēre**: der Ansicht sein. **a puerīs**: von klein auf, von Kindheit an. **īlicō**: sofort. **nāscī**: geboren werden, auf die Welt kommen. **3 illārum**: *zu* rerum. **adfīnis**, e + *Gen.*: vertraut mit, geneigt zu. **adulescentia**: Jugend. **4 lubīdo**, dinis *f.*: Begehrlichkeit, Lust, Liebesverlangen. **moderārī ex**: urteilen nach. **nunc quae est** = quae nunc est; *auf* lubidine *bezogen*. **5 mihi** *steht betont voran, gehört in den* si-*Satz*. **umquam**: jemals. **ne** *bekräftigt*: bestimmt, garantiert. **facilis**: nachgiebig, mild. **utī** + *doppeltem Abl.*: in jdm. etw. haben, Nutzen haben von (Stf.: utor, ûsus sum). **6 cognōscere**: verstehen. **ignōscere**: verzeihen. **īgnōscendī**: *zu* peccatī. **peccātum**: Vergehen, Schuld. **locus**: Gelegenheit. **7 nōn ut meus**: (ich werde) nicht (sein) wie mein Vater. **per** + *Akk.*: mit Hilfe von; an ... **ōstendere**: zeigen. **sententia**: Meinung, Ansicht. **Periī** *usw.*: Verdammt! Wenn der nur ein bißchen zu viel getrunken hat, was für Taten erzählt er mir dann von sich! **perīclum**: Probe, Erfahrung. **facitō**: *Gesetzesimperativ*: du sollst machen. **tibī** *steht betont voran, gehört in den* quod-*Satz*. **ex ūsū**: zum Nutzen, nützlich.

Aufgaben:

1. Stelle alle Ausdrücke zu folgenden Wortfeldern zusammen: (a) gerecht/ ungerecht; (b) Vater – alt/ Sohn – jung.
2. Übersetze die Zeilen 1–7 und 9 (77 W.).
3. Inwiefern trifft Theopropides die Kritik, die im obigen Text geübt wird?
4. Inwiefern ist Philolaches mit dem jugendlichen Sprecher des Textes vergleichbar, inwiefern nicht?

6) Cicero, *Cato maior – De senectute* 65–66 Anfang: Die Fehler der Alten

Der römische Politiker, Redner und Philosoph Cicero diskutiert in einem seiner Werke die verbreiteten Anschauungen von den Fehlern alter Menschen. Er zitiert eine solche Meinung:

(1) At sunt morosi et anxii et iracundi et difficiles senes.« (2) Er fügt hinzu: Si quaerimus, etiam avari.

Dazu führt er nun Folgendes aus: (3) Sed haec morum vitia sunt, non senectutis. (4) Ac morositas tamen et ea vitia, quae dixi, habent aliquid excusationis (non illius quidem iustae, sed quae probari posse videatur): (5) contemni se putant, despici, inludi; (6) praeterea in fragili corpore odiosa omnis offensio est. (7) Quae tamen omnia dulciora fiunt et moribus bonis et artibus, idque cum in vita tum in scaena intellegi potest ex iis fratribus, qui ›Adelphis‹ sunt: quanta in altero diritas, in altero comitas! (8) Sic se res habet: ut enim non omne vinum, sic non omnis aetas matura vetustate coacescit.

(9) Severitatem in senectute probo, sed eam, sicut alia, modicam; acerbitatem nullo modo.

(10) Avaritia vero senilis quid sibi velit, non intellego; potest enim quicquam esse absurdius quam, quo viae minus restet, eo plus viatici quaerere?

Vokabeln

1 mōrōsus: grämlich, empfindlich. *Subst.*: **mōrōsitās**. **3 mōrēs**, um *m.*: Charakter. **senectūs**, ūtis *f.*: Alter. **4 excūsātiō**, ōnis *f.*: Entschuldigung. **5 contemnere**: »schneiden« = missachten. **inlūdere**: verspotten. **6 fragilis**, e: zer-, gebrechlich. **odiōsus**: widerwärtig, verhasst. **offēnsiō**, ōnis *f.*: Unpässlichkeit, Ärgernis. **7 quae**: *relativischer Anschluss, meint alle vorher genannten Eigenarten.* **cum ... tum ...**: sowohl ... als auch gerade ... **scaena**: Bühne. **Adelphi**: ›Die Brüder‹, *Komödie des Dichters Terenz, aufgeführt 166 v. Chr., Cicero schreibt seinen Text im Jahr 44 v. Chr., lässt ihn aber als Gespräch aus dem Jahr 150 v. Chr. erscheinen. Die ›Mostellaria‹ wurde etwa 190 v. Chr. erstmals aufgeführt.* **dīritās**, âtis *f.*: Schroffheit. **comitâs**, ātis *f.*: Liebenswürdigkeit, Freundlichkeit. **8 vetustās**, ātis *f.*: Alter. **coacēscere**: total sauer werden. **9 sevēritās**, ātis *f.*: Strenge. **probāre**: gutheißen. **modicus**: maßvoll. **acerbitās**, ātis *f.*: Schärfe. **nullô modô**: *erg.* probo. **senīlis**, e: *Adj. zu* senex, senis Greis. **sibi velle**: Sinn haben, sinnvoll sein. **quicquam**: etwas *(in Sätzen, die dem Sinn nach verneint sind).* **absurdus**: unsinnig. **quō ... eō ...**: je ... desto ... **minus**: weniger *(mit Genitivus partitivus, des Teilungsverhältnisses*: an). **viāticum**: Reisegeld.

7) Hinzuweisen ist wegen der Fragen zur Erziehung auch auf Plinius *ep.* 9, 12 (§ 1: 55 Wörter; § 2: 44 Wörter).

Zum literarischen Nachleben der *Mostellaria*

Das literarische Nachleben der *Mostellaria* kann hier nicht verfolgt werden. Im Unterricht wird man es, wenn überhaupt, an einem Beispiel untersuchen. Auf die Literaturangaben (3. 2) sei verwiesen. Aus den Angaben bei Duckworth (3. 1) und Schanz-Hosius (3. 2) ergibt sich die folgende Zusammenstellung:
1) Bartolomé de Torres Naharro (Mitte des 15. Jh.) hat in seinen (sieben) Komödien Szenen aus der *Asinaria* und der *Mostellaria* imitiert.
2) Ludovico Ariosto (1474–1533) hat in seiner Komödie *La Cassaria* (1508) Szenen aus der *Mostellaria*, dem *Poenulus* und dem *Rudens* nachempfunden.
3) Pierre de Larivey (ca. 1556–1612) hat in seiner Komödie *Les Esprits* den *Aridosio* des Lorenzino de' Medici adaptiert und mit Elementen aus der *Aulularia*, der *Mostellaria* und den *Adelphoe* durchsetzt.

4) William Shakespeare (1564–1616) hat in *Der Widerspenstigen Zähmung* (*The Taming of the Shrew*) die Namen Tranio und Grumio und in Act V, Szene I, 114 einen Anklang an *Mostellaria* 1159.

5) Ben Johnson hat Anfang und Schluss seiner Komödie *The Alchemist* (1610) nach der *Mostellaria* gestaltet.

6) Thomas Heywood hat in einem Handlungsstrang seiner Komödie *The English Traveller* (nach 1625) die *Mostellaria*-Handlung in sechs Szenen nachgestaltet.

7) Abraham Cowley hat in seine ca. 1638 am Trinity College in Cambridge aufgeführte Komödie *Naufragium Ioculare* Handlungselemente aus den *Captivi* und der *Mostellaria* übernommen.

8) Jean-Francois Regnard (1655–1709) hat in seiner Komödie *Le Retour Imprévu* Anklänge an die *Mostellaria*.

9) Henry Fielding zeigt sich in seiner Komödie *The Intriguing Chambermaid* (1733) auf dem Weg über Regnards *Le Retour Imprévu* ebenfalls von der *Mostellaria* beeinflusst.

10) Ludvig Holberg (1684–1754) hat seine Komödie *Das Hausgespenst oder Abracadabra* nach der *Mostellaria* gestaltet.

Shakespeare lässt Polonius im *Hamlet* (II 2, 395) über Plautus und Seneca sagen: »The best actors in the world, either for tragedy, comedy, history, pastoral, pastorical-comical, historical-pastoral, tragical-historical, tragical-comical-historical-pastoral; scene individable or poem unlimited. Seneca cannot be too heavy, nor Plautus too light. For the law of writ and the liberty, these are the only men.«

Kurzfassungen der *Mostellaria* und ›Plautus in Comics‹

Gerade die *Mostellaria* hat es durch den Einsatz eines Lateinlehrers, der Comics zeichnen kann (Helmut Oberst), zu einer Nebenrolle im Lateinunterricht gebracht. Das gleiche versucht eine Kurzfassung von Gottfried Schwemer.[14]

Beiden Autoren geht es um die Motivation und um einen kurzen einfachen Text, der die Handlung dieser Plautuskomödie vorführt. Während Schwemer seine Textbearbeitung für frühen lehrbuchbegleitenden Einsatz vorsieht, will Oberst mit seinen Comics eine Abwechslung in den zur Entstehungszeit seiner Ausgabe noch relativ eintönigen Lektürekanon und Lektürealltag bringen. Zu hohe Anforderungen sollen vermieden werden.

Beides sind wichtige und anerkennenswerte Ansätze. Jedoch nimmt die Textverkürzung natürlich viel vom Witz der Komödie. Die Handlung der Komödie ist vielleicht spannend, abwechslungsreich, interessant, aber der Witz liegt in ihrer Ausgestaltung, vorwiegend in der sprachlichen Ausgestaltung und in der inhaltlichen Wiederholung und Variation von Motiven.

---

14 Vgl. Literaturhinweise unter 1.

Beispielsweise vermittelt Philolaches in Szene I 2 einen Einblick in seine Situation und in die Probleme der Erziehung durch sein bildhaftes Denken so anschaulich, dass auch Schüler in diesen Denkprozess hineingezogen werden (ebenso wie die Zuschauer).[15] Diese Szene erscheint in beiden Bearbeitungen sehr kurz. Bei Oberst umfasst sie eineinhalb Seiten mit vier Bildern. Das Problem, einen solch langen Monolog optisch umzusetzen, ist gelöst. Aber von dem, was das Wesen der Szene ausmacht, ist nicht mehr viel zu merken. Der Monolog ist auf die folgenden Sätze zusammengestrichen:

1. Bild: Philolaches kommt herangelaufen, Hände auf dem Rücken, zerfurchtes Gesicht. In der Sprechblase steht: *Multum et diu cogitavi, cuius rei hominem similem esse arbitrarer. exemplum repperi: novarum aedium homo similis est.*
2. Bild: Jetzt sieht man Philolaches in der Totalen, nicht mehr in der Großaufnahme, er nähert sich seinem Haus, Hände auf dem Rücken, gebeugt. In der Sprechblase steht: *Aedes, cum sunt paratae, expolitae, laudant fabros. atque ubi immigrat homo indiligens cum familia pigra, immundus, illud saepe fit: tempestas venit, …*
3. Bild: Aufsicht von oben: Man sieht Philolaches in der Tür verschwinden. Er hinterlässt die Sprechblase: *Item parentes fabri liberorum sunt. Hi fundamenta substruunt, expoliunt, docent litteras, iura, leges. sed postquam adoleverunt, cernitur, quo evenit aedificatio.*
4. Bild: Philolaches sitzt auf einem recht prächtigen Sofa in einer noch prächtigeren Halle mit zwei gewaltigen Säulen, etwas erhöht auf einem durch Stufen erreichbaren Absatz. Neben dem Sofa ist ein Springbrunnen. Philolaches hat seinen Kopf mit den Ellenbogen gestützt. Die Sprechblase: *Et ego probus fui, dum in potestate fabrorum fui. postea venit ignavia, ea mihi tempestas fuit. Pro imbre amor advenit. Nunc aedes meae perpetuae ruunt. Cor dolet, cum scio, ut nunc sum atque ut fui.*

Die Ungereimtheiten gegenüber dem Text des Plautus sind deutlich: Philolaches geht ins Haus, eine Innenszene wird gezeigt. Das wäre nicht schlimm (in der nächsten Szene zwischen Philematium und Scapha ist es voll vertretbar). Aber der Szene wird der Charakter der Auseinandersetzung mit dem Publikum genommen. Die Schreibweise – Satzanfänge einmal groß, einmal klein – ist uneinheitlich.

Wichtiger sind die Verluste an Gehalt und Interpretierbarem: Der Vergleich ist stark verkürzt. Sprachbeobachtungen wie z. B. semantische Differenzierungen können nicht vorgenommen werden. Ein Nachdenken über das *ingenium* ist erschwert, denn der Begriff taucht nicht auf. Die Art der römischen Erziehung, nämlich ihr Achten auf den öffentlichen Ruf, ist höchstens aus dem Satz *laudant fabros* erschließbar, wird aber bei der Erziehung selbst nicht erwähnt. Viele tragende römische Begriffe, z. B. *verecundia,* fehlen. Der Sportabschnitt fehlt ebenso.

---

15 Vgl. die Interpretation der Szene unten S. 46–55.

Schwemers Fassung ist als Begleitlektüre[16] in der Lehrbuchphase des Lateinunterrichts gedacht. Sie erfüllt diesen Zweck gut, wenn es tatsächlich bei einem Einsatz als Begleitlektüre bleibt. Aber auch hier handelt es sich um eine gekürzte Fassung. Die Kürzung erfolgt nicht nur durch Auslassung einzelner Szenen – was bei jeder Lektüre üblich ist –, sondern auch durch Reduzierung der verbliebenen Szenen. Damit gehen – wie bei der Comicfassung – Möglichkeiten verloren, einen Gedankengang ausführlich darzulegen und semantische Differenzierungen vorzunehmen. Vor allem aber werden – wie bei vielen anderen gekürzten und bearbeiteten Fassungen lateinischer Werke – Gedankengänge verkürzt. Durch die als Erleichterung gedachte Entfernung von Wiederholungen und tatsächlich oder scheinbar redundanten Abschnitten, Sätzen oder Wörtern werden Texte leicht zu einer Folge von Einzelsätzen, deren jeder eine neue Information bringt, die in den Zusammenhang eingeordnet werden muss. Das ist oft zeitraubender als einen durchsichtigen – weil an Redundanzen reichen – Text ganz zu lesen. Die geschilderten lernpsychologischen und pädagogischen Vorteile der Wiederholungen werden aufgegeben.

Schwemers Bearbeitung ist den geschilderten Gefahren der Textverfälschung[17] weit mehr als andere Ausgaben mit gekürzten Texten entgangen, sie bietet zudem an einigen Stellen neben dem vereinfachten Text auch die Originalfassung. Dennoch kann sie naturgemäß nicht alle Einwände gegen die Verkürzung entkräften. Ein Beispiel für Textverfälschung scheint mir auf Seite 9, Zeile 18f. der Kurzfassung zu stehen. Dort heißt es: *Ad legionem cum eunt, tum cernitur, quo eveniat aedificatio.* Das soll die Verse 129–132 wiedergeben, sagt jedoch fast das Gegenteil. Im Original wird das Erziehungsproblem, das römische Erziehungsverfahren auch am Beispiel der Militärzeit verdeutlicht: Auch hier kümmern sich Erwachsene um den jungen Mann. Erst danach kommt es zum Beweis des Erfolgs der Erziehung. Bei Schwemer ist der wichtige Aspekt der behütenden und normierenden Erziehung verschwunden. Und falsch wird behauptet, beim Militärdienst zeige sich schon die wahre Veranlagung bzw. der Erfolg der Erziehung.

Zudem ist Begleitlektüre nur ein Notbehelf, der freilich Abwechslung bringt und in Textarbeit einführt. Ebenso ist der interimistische Einsatz von Comics bei der wenigen zur Verfügung stehenden Zeit und bei den Zielen, die der Lateinunterricht verfolgt, eigentlich gar nicht verantwortbar. Wohl aber können Comics die Begleitung zu einer originalen Plautuslektüre sein, die nach einem nicht zu

---

16 Über die verschiedenen Formen der Lektüre (Begleit-, Übergangs-, Anfangs-, Hauptlektüre) vgl. H.-J. Glücklich: Lateinunterricht (s. Anm. 8), S. 144–157, und: Lateinische Lektüre auf der Sekundarstufe I, in: Der altsprachliche Unterricht 23/3, 1979, S. 5–18. Begleitlektüre bei veralteten Lehrbüchern ist erstmals in Baden-Württemberg fest in die Schul- und Lehrplanarbeit integriert worden.

17 Auf sie hat früh schon E. Römisch: Livius II 12 – Interpretation und Lernzielbestimmung, in: E. Römisch (Hg.): Lernziel und Lateinlektüre. Unterrichtsprojekte im Fach Latein, Stuttgart 1974 (Der altsprachliche Unterricht – Beiheft zu Reihe 17/1974), S. 46f., hingewiesen. Dieser Hinweis trifft nach Ansicht des Verfassers auch die ad usum Delphini bearbeiteten Texte klassischer Autoren, beispielsweise die auf den plot verkürzten Bearbeitungen von Cicero-reden.

langen Grammatikunterricht erste Lektüre ist. Die Comics können dann der optischen Verdeutlichung und der zusammenfassenden Lektüre dienen. Die verkürzte Fassung Schwemers hingegen ist ganz offenbar zwar nicht mehr als Anfangslektüre eines Originaltextes geeignet, wohl aber hervorragend zur zusammenfassenden Wiederholung und vor allem als Grundlage für eine kleine Aufführung.[18]

---

18 Über eine Aufführung der *Mostellaria* durch Schüler des Uhland-Gymnasiums Tübingen berichtete z.B. motivierend und werbend die Tageszeitung Schwäbisches Tagblatt 11.5.2001 unter der Überschrift »Papa ante portas. Sturmfreie Bude im Uhland-Gymnasium«, sogar mit einer lateinischen Einleitung. Viele Schulen, vom Gymnasium mit grundständigem Latein bis zu Schulen des zweiten Bildungswegs, haben mit Erfolg die *Mostellaria* aufgeführt, natürlich meist auf deutsch. Universitätseminare spielen öfters eine lateinische Aufführung. Man kann Aufführungen oft im Internet recherchieren; hier das Rechercheergebnis für Berlin, das mir freundlicherweise Josef Rabl zur Verfügung gestellt hat:
1) Aufführung der *Mostellaria* im Gymnasium Steglitz: http://www.schulseiten.de/heese/musical/index.php und http://gymnasiumsteglitz.de/fbmusik/musical.htm
2) Lateinfest an der Paulsen-Oberschule Berlin:
http://www.pegasus-onlinezeitschrift.de/agora_2_2003_linke.html
3) Aufführung an der Walther-Gropius-Gesamtschule am 16. und 17.12.2004 durch eine Theatergruppe innerhalb des Faches »Darstellendes Spiel in den Klassen 9 und 10« mit starkem Eindruck auf die Schülerinnen und Schüler: http://www.wgs.cidsnet.de/ und www.wgs.cidsnet.de/theater/bericht1.htm – 17k.

Interpretationen

Akt I

Die vier Szenen des ersten Akts dienen der ausführlichen Exposition. Erst mit der Schreckensnachricht, der Vater sei im Hafen angekommen (II 1, 352f. bzw. 365), kommt das ›erregende Moment‹ (Gustav Freytag, Die Technik des Dramas [1863], II, 5) ins Spiel, und die Verwicklungen und Intrigen können beginnen. Szene 1 gibt in einem Dialog zweier Sklaven die wichtigsten Details zur Exposition. Szene 2 charakterisiert in einem Monolog den jungen Philolaches. Szene 3 ist weitgehend ein Dialog mit einem lauschenden und kommentierenden Dritten. Sie setzt die Charakterisierung des Philolaches aus Szene 2 fort, durch seine Bemerkungen zeigt er seine Verliebtheit, seine Spontaneität und letzlich seine Gutartigkeit. Szene 4 bereitet durch die Schilderung der Trunkenheit des Callidamates und des gemütlichen Feierns den Knalleffekt der Schreckensbotschaft in der Szene II 1 vor. Die neue Szene bringt hektische Aufregung nach dem ungetrübten Bild der vorigen Szene.

Von den Personen des ersten Akts treten nach der Szene II 1 nur Callidamates und Tranio wieder auf, Callidamates in einer zwar entscheidenden, doch nur kleinen Szene am Ende der Komödie. Die Beobachtung dieser Verhältnisse zeigt, dass die eigentlichen Hauptpersonen Tranio und Theopropides sind – Theopropides ist bereits von der ersten Szene des ersten Akts an gegenwärtig, weil die Sklaven auf ihn Bezug nehmen.

Szene I 1 (1–83)

Die Szene I 1 gibt einen Einblick in Verhaltensweisen von Sklaven und vermittelt die Exposition im engeren Sinn. Der Landsklave Grumio und der Stadtsklave Tranio werfen sich gegenseitig ihre Verhaltensweisen vor und schildern sich selbst und ihren Kontrahenten. Als Dritter und Vierter kommen dabei Philolaches und Theopropides ins Spiel, der eine, weil sich die beiden Sklaven in der Beurteilung und Forderung seines Verhaltens unterscheiden, der andere als drohende Instanz, die dem Landsklaven Recht geben, dem Stadtsklaven Bestrafung bringen soll.

Der Landsklave Grumio rühmt sein solides Landleben (47–50) und bekommt vom Stadtsklaven Tranio nur Verachtung für sein bäuerisches Leben zu spüren (7, 35, 39–41). Beide erwähnen Sklavenstrafen, die zur Zeit des Plautus immerhin möglich waren, und zeigen damit ihre abhängige Position, der die Möglichkeit eigener Rechtsvertretung fehlt (*pistrinum*, 17–19, *genus ferratile*, 19, *mei tergi*, 37, *carnuficium cribrum, stimuli,* 55–57 *furcifer*, 69). Sie ziehen daraus aber nicht die

Folgerung, sich zu solidarisieren und gegen ihre sozialen Bedingungen anzuge-hen, sondern sie nehmen diese als gegeben hin und suchen verschiedene Wege, sich mit ihnen zu arrangieren.

Grumio ist ganz in das Bezugssystem, das der römische (bzw. griechische) Herr erstellt hat, eingebunden. Er droht mit der Ankunft des Herrn (11–12, 26), er droht mit Strafe für ungehorsame Sklaven (16–19, 55–57), er erwähnt die Auf-träge des Herrn (25) und die Pflichterfüllung, die sich für den Sklaven gehöre (27), er ergreift voll die Partei seines Herrn, ist besorgt um das Wohlergehen des Sohnes (3, 21, 28–33, 83) und den Bestand des Vermögens seines Herrn (77–81). Er droht sogar, Tranio eigenhändig zu strafen (4), verurteilt dessen Selbstbe-wusstsein (38) und die Privilegien, die er sich herausnimmt (42–46). Er meint, seine Situation müsse ertragen werden (*patiunda sunt,* 48), fühlt sich aber sicher und unangreifbar in seiner Pflichterfüllung (59) und erwartet eine höhere, aus-gleichende Gerechtigkeit, die darin besteht, dass der freche und ungehorsame Kontrahent in seine Schranken verwiesen wird (72–73). Diese Haltung ist nicht nur sozialkritisch zu sehen, sie hat, was das Verhalten gegenüber Philolaches an-geht, eine gewisse Berechtigung, wenn tatsächlich stimmt, was Grumio Tranio vorwirft: *ut eri sui corrumpat et rem et filium* (»dass er Vermögen und Sohn seines Herrn vernichtet«, 28), dass er *erilis pernicies* (»Verderben des Herrn«) sei.

Tranio aber ist bei seiner Intelligenz, die ihn schon in der Expositionsszene cha-rakterisiert (53f.) und die auch Grumio spürt (2), nicht damit zufrieden, Befehls-empfänger zu sein. Er betont seine Individualität und seine eigenen Lebensvor-stellungen (67). Er lebt dabei aber offensichtlich in den Tag hinein, denkt nur an den Augenblick und kümmert sich nicht um spätere Folgen seines Tuns (36 *lubet;* 71). Er verbindet dies mit Witz (Wörtlichnehmen 14, plastische Formulierung 37, unerwartete Begründung 11) und Spott (7, 35) und nutzt jede Gelegenheit, Grumio seine Dummheit und sein bäuerisches Verhalten vorzuwerfen. So dumm ist Grumio jedoch gar nicht, denn er entwickelt selbst einigen Witz (Rätsel mit überraschender Lösung 55–57, Ironie *virtute* 33, Metapher *palmam possidet* 32, drastische Ausdrucksweise *saginam caedite* 65) und behauptet seinen Standpunkt. Auf die Vorhaltungen Grumios geht Tranio kaum ein – er will ihn mit Worten wegscheuchen (6–8), prügelt ihn (9–10), verspottet ihn (13–14, 35), weist ihn zurück (34), nutzt aus, dass Grumio vor lauter Überraschung rülpst (oder seine Darmwinde nicht beherrscht, 38)[19], wirft ihm Neid vor (51f.), kontert mit rheto-rischen oder Gegenfragen (34, 58), weist ihn erneut zurück und droht ihm (60f.) mit der »genussvoll« sprechbaren Alliteration *mala re magna mactari.* Ja, er führt nicht nur sein genussreiches Leben auf eigene Verdienste zurück (52–54), son-dern sieht dies als öffentlich dokumentierbare und anerkannte Leistung an, wie die Ausdrücke *decet* (52) und *dignissimum* (51) zeigen.

So bewerfen sich beide Sklaven mit Beschimpfungen und Drohungen. Jeder will als der Bessere oder Erfolgreichere dastehen. Konkurrenzdenken, Selbstbehaup-

---

19 Die Reaktion ab 38 zeigt dies eindeutig, und das von den Editoren wohl nicht verstan-dene *fue* scheint mir nichts anderes als ein »Graphem« des »Phonems« für den oben beschriebe-nen Tatbestand.

tung und Bewahrung des Selbstgefühls wirken auch in niedrigsten und unangenehmstem Verhältnissen.[20]

Die witzige, spannende und zum Teil auch turbulente Auseinandersetzung vermittelt spielerisch wichtige Elemente der Exposition: Abwesenheit des Herrn (10f., 25, 27, 48), ausgelassenes Leben des jungen Herrn und seiner Freunde (20–24, 28f., 32, 83), Beteiligung des Sklaven Tranio (28, 33, evtl. 83), früheres Wohlverhalten des jungen Philolaches (30f.). Durch Hinweis auf kommende Gefahren und Entwicklungen wird Spannung auf den weiteren Verlauf erzeugt (16–19, 47, 49, 72f.).

Zur Texterschließung

Die Texterschließung der ersten Szene könnte etwa so erfolgen:

1–8: An den Personennamen erkennt man, dass es sich um einen Dialog handelt. Die Zeilen 1–5 richtet Grumio an Tranio, Wünsche (Imperativ) herrschen vor, daneben finden sich eine Aussage *(ulciscar)* und eine Frage *(quid lates)*; 6–8 reagiert Tranio mit Fragen und geht in Befehle über.

Die Wortfelder haben folgende Bereiche: gehen *(ire, gradi, cedere* und Komposita), Land und Haus *(foras, aedibus, ruri, aedis, ruri, aedibus, rus, ianua)*, Schimpfwörter. Seine Befehle sind durch eine chiastische Anapher gegliedert *(abscede, abi, abi, abscede)*.

9–33: Der Ablauf ist: Fragen (9–10), Begründung *(quia* 11), Aussage für die Zukunft *(patiar)*, Wünsche *(sine – sine)*, Aussage *(loquere* bzw. *loqueris)*, Frage *(ut)*, Aussage (15), Frage (16), Aussagen (16–19), Aufforderungen (20–24), Fragen (25–28), begründende *(nam)* Aussagen (29–33).

Die Wortfelder sind a) wollen, lassen *(velle, pati* ›hinnehmen‹, *sinere* ›bewusst wollen oder zulassen‹) 9–17; b) Gegensatzpaare *(perire – vivere, venire – absentem, veri simile – verum, urbanus – rus, credere – scire)* 9–17.

Adverbien und stilistische Mittel fassen bestimmte Abschnitte zusammen oder gliedern sie: Anapher *sine – sine* 11/12; Gliederung *cis paucas tempestates – nunc* 18/20; Anapher *haecin – hocin – hocin* 25/27.

34–83: Hier lassen sich ähnlich auf syntaktischem Gebiet wieder Satzarten, Personen (Sprecher, Angesprochener, Besprochenes/Besprochene), auf semantischem Gebiet Wortfelder *(cura, curare* 34–37, *olere* u. a. 39–47) und Gegensatzpaare (wie *fortunatus – miser, bonum – malum* 49–68) feststellen.

Einfache Sammellisten, wie auf S. 23–25 dargestellt, helfen dabei, die Erschließung unterhaltsam zu machen und mit der Interpretation zu verbinden.

Wortschatzübung

Zur Festigung des Wortschatzes und als Alternative zu einer Übersetzungswiederholung oder diese vorbereitend kann der Wortschatz aus dem Text abgefragt werden:

---

20 Vgl. die Literaturhinweise zur Szene I 1.

gehen: *exīre* 1, *ēgredī* 3, *exīre* 5, *abscēdere* 7, *abscēdere* 8, *abīre* (zweimal) 8, *abscēde-re* 8.

Haus: *forās* 1, *aedēs* 3, *culīna* 5, *aedēs* 6, 7, *iānua* 8.

Stadt/Land: *rūrī* 7, 19, *rūs* 8, 16, *urbānus* 15.

Sklave/Herr: (a) Sklave: *in pistrīnum trādere* 17, *numerum augēre* 19, *genus ferrāti-le* 19, *rem cūrāre* 26, *bonus servus* 27, *officium* 27. – (b) Herr: *erilis* 3, 21, *senex* 11, 25, *adulēscēns optimus* 21, *mandāre* 25, *erus* 28, *filius* 28, *rēs* 28, (*iuventūs* 30).

lustiges Leben: (*scurra* 15, *dēliciae* 15), *libet* 20, *potāre* 20, *rem pendere* 20, *corrumpere* 21, *bibere* 22, *pergraecārī* 22 (Oberbegriff), *amīcas emere* 23, *līberāre* 23, *pāscere parasītōs* 23f., *obsonāre pollucibiliter* 24, *rem corrumpere* 28, *filium corrumpere* 28.

Tugend: *officium* 27, *bonus* 27, *parcus* 31, *continēns* 31, *palma* 32, *virtūs* 33, *ma-gisterium* 33.

Zusammenfassung

Szene I 1 (1–83): Einblick in zwei unterschiedliche Verhaltensweisen von Sklaven und in deren jeweilige Bezugsinstanz – Einblick in Techniken der Exposition.

angestrebte Unterrichtsergebnisse	methodische Hinweise/Belege
Der Landsklave Grumio rühmt sein solides Landleben, bekommt von Tranio Verachtung für sein bäuerisches Benehmen zu spüren,	7, 35, 39–41
hat sein Bezugssystem in den von seinem Herrn gesetzten Maßstäben.	11f., 16–19, 25–28, 78
Der Stadtsklave Tranio rühmt seine Art des Lebens und bekommt dafür von Grumio Vorwürfe.	1–5, 43–46
Er hat sein Bezugssystem in sich selbst und rühmt die damit verbundenen eigenen Fähigkeiten.	36f.
Als Kennzeichen des Sklavenlebens ergeben sich in der Szene I 1:	
Konkurrenzdenken, Neid,	1–5, 42–52, evtl. 15–24
gegenseitige Herabsetzung durch Schimpfwörter,	13, 15, 34, 39–41, 45–47
handfeste Auseinandersetzungen.	9
Beide Sklaven unterscheiden sich zwar in ihrem Denken, stimmen aber darin überein, dass sie ihr unbeschadetes Überleben im Auge haben, ohne an eine Veränderung ihrer Klasse zu denken.	passim, bes. 36f., 49f., 55–59

Griechisches Leben erscheint als luxuriös, griechisches Denken als neuerungssüchtig.	20–24
Die Exposition wird zwanglos in der Unterhaltung gegeben.	Abwesenheit des Herrn (10f., 25, 47, 78), ausgelassenes Leben der Jungen (20–24, 28f., 32, 83), Beteiligung Tranios (28, 33, evtl. 83), früheres Wohlverhalten des Jungen (30 f.)
Durch Hinweise auf kommende Gefahren und Entwicklungen wird Spannung erzeugt.	16–19, 47, 49, 72f.

Szene I 2 (84–156)

Die Szene I 2 hat fünf Teile:

84–100: Philolaches berichtet, dass er lange nachgedacht hat, und kündigt die Beweisführung über das Ergebnis an.

101–117: Philolaches stellt den Hausbau dar, das Können des Baumeisters, den Verfall bei einem nachlässigen Herrn und durch Witterungseinflüsse.

118–131: Der Hausbau wird mit der Kindererziehung, der Erbauer wird mit den Eltern verglichen.

132–148: Der Einzug des nachlässigen Herrn wird mit der Übernahme der Verantwortung für das *ingenium* durch Philolaches verglichen, insbesondere mit der *ignavia*. Die Witterungseinflüsse werden mit der Liebe verglichen.

149–156: Philolaches fügt dem Vergleich seine persönliche Stellungnahme an: Er bedauert seine Entwicklung, für die er sich selbst die Schuld gibt und vergleicht den früheren mit seinem jetzigen Zustand.

Im ersten Abschnitt dieser Szene zeigt Philolaches die Intensität seines Nachdenkens, indem er vielerlei Aspekte oder Stadien des Nachdenkens aufzählt, wo es geht, Intensiva verwendet und zweimal *diu* (lange), einmal *multa* (viel) hinzufügt: *recordari* (84): sich etwas vergegenwärtigen; *diu cogitare* (84): lange darüber (intensiv) nachdenken; *argumenta in pectus multa instituere* (85): viele Beweisgründe in die Brust hineinsetzen; *in corde eam rem volutare* (86f.): im Herzen die Sache hin und her wälzen; *diu disputare* (87): lange und nach allen Seiten bedenken.

Konkret-bildhafte und mehr abstrakte Ausdrücke wechseln einander ab. Der Sprachduktus ist insofern archaisch, als geistig-seelische Vorgänge plastisch als physische beschrieben werden (so wie von Homer das Nachdenken des Odysseus durch das unruhige Hin- und Herwälzen auf dem Lager beschrieben und mit dem Hin- und Herwenden einer Blutwurst verglichen wird, *Odyssee* 20, 24–30). Das Thema des Nachdenkens wird zweifach umschrieben: Welcher Sache ist der Mensch ähnlich (*similis* 89) oder wovon sogar ein Abbild (*simulacrum* 89)? Die Beweisführung wird wieder auf vielfältige Weise angekündigt, das Ergebnis, dass das Publikum überzeugt sein wird, wird vorweg formuliert (92–98). Die Neuartigkeit des Vergleichs kann man durch die Parallelisierung *corrumpat et rem et filium* (28) vorbereitet sehen. Der rhetorische Charakter der Wiederholungen und die Berücksichtigung eventueller Publikumseinwände ist offensichtlich. Aus der Wendung an das Publikum, einem wichtigen Element der plautinischen Komödie, lässt sich herleiten, dass diese Komödie das Publikum explizit mit in die Handlung und das Nachdenken einbezieht. So wie in den Äußerungen des Sklaven Tranio am Schluss der Komödie (er werde schon am nächsten Tag wieder etwas tun, wofür er bestraft werden könne, 1178f.) wird auch hier deutlich, dass die Spielhandlung nur ein – fantastisch ausgestaltetes – Stück aus dem täglichen Verhalten der Menschen ist.[21]

Die Wiederholungen und die vielfältigen Umschreibungen geben Veranlassung zu semantischen Untersuchungen, zu einer Einführung in Lexikonarbeit, zur Darstellung von Übersetzungsproblemen (weil ja auch im Deutschen verschiedene Ausdrücke gesucht werden müssen, die am besten den Gehalt des lateinischen Wortes verdeutlichen).

Zur Texterschließung der Verse 84–100

Der Text eignet sich gut für einen semantischen Einstieg bei der Texterschließung: »Das Thema ist *recordari*. Wo wird es noch genannt?« – Die sinnverwandten Begriffe lassen sich leicht anreihen. – »Wie sind diese Wörter in den Text eingeordnet?« – Jetzt kann die Einzelanalyse erfolgen. – »Wo ist das Ergebnis genannt?« – *repperi* (90) wird als Schlusspunkt erkannt.

Auch für textsyntaktische Beobachtungen als Einstieg in die Texterschließung ist der Text geeignet: Anhand von Tempora, Modi und Personen wird der Text gegliedert, und zwar am besten noch vor dem semantischen Einstieg in die Erschließung der einzelnen Abschnitte:

84–90: Perfekt, Indikativ, 1. Pers. Sg.: Feststellungen oder Bericht über Vergangenes, dabei in 88 Einführung einer besprochenen Person (3. Pers. Sg.).

91–92: Präsens und Futur Indikativ, 1. Pers. Sg.: Der Sprecher spricht von sich in der Gegenwart und kündigt etwas an, in 92 wird wieder die besprochene Person genannt (3. Sg., sie ist identisch mit der in v. 88 genannten).

93–98: 1. und 2. Pers. Präsens und Futur: Wendungen des Sprechers an eine

---

21 Vgl. E. Lefèvre, Die römische Komödie, 1974, S. 45 f. ; M. von Albrecht, Römische Literaturgeschichte Bd. 1 (Literaturverzeichnis 3.2), S. 153 zeigt noch grundsätzlicher, von der einzelnen Komödie losgelöst, die Bedeutung der Wendungen an das Publikum: »Gerade an Sprache und Stil des Plautus lassen sich Spezifika seines Schaffens aufweisen. Den fesselnden Prozeß des *vortere,* der Umsetzung »modernen« griechischen Gedankengutes in ein noch archaisches Sprachmedium, spiegeln folgende Erscheinungen wider: Bei der Darstellung komplizierterer Gedankengänge entwickeln sich Wortwiederholungen und andere der affektgetragenen Umgangssprache abgelauschte Mittel zu Gliederungs- und Ordnungszeichen satzübergreifender Sinnkomplexe *(z. B. dicam tibi; eloquar; scies; quid ais?).* Der Hauptgesichtspunkt wird vorweggenommen, die Darstellung kehrt zum Ausgangspunkt zurück. Plautus rundet die einzelnen Äußerungen in sich ab und vereinzelt sie.«

angesprochene Person bzw. an einen angesprochenen Personenkreis, das Publikum, mit Voraussetzungen (Gegenwart) und Ankündigungen (Futur).

99: Aufforderung an das Publikum (Imperativ).

100: Präsens *(volo):* Aussage des Sprechers über sich selbst (bei semantischer Analyse: Absichtserklärung des Sprechers).

Die folgende Darstellung von Bau und Verfall eines Hauses ist in sich verständlich und anschaulich.[22] Sie lässt sich leicht nachvollziehen und sie gibt Gelegenheit, auf den römischen Hausbau einzugehen, weniger auf Grundrisse als auf die Bauweise, das Baumaterial und die Dachgestaltung mit glatten und gewölbten Ziegeln.

Desgleichen lassen sich wieder Wortfelder zusammenstellen und bedeutungsverwandte Wörter differenzieren und mit Leben füllen.

Verhalten	Öffentliche Reaktion / Urteil des Philolaches
parare, expolire, facere probe	*laudant, probant, exemplum expetunt, similis vult suas, sumptum, operam parum parcunt*
nequam homo, indiligens, pigra familia, inmundus, instrenuus	*aedibus vitium additur, nequior factus est usus*

Man kann hier herausarbeiten:
– die Wortbildung durch Verneinung;
– die Struktur der römischen Familie (vgl. Textausgabe Begleittexte 1 und 2 zu I 1);
– die Natürlichkeit der Reaktion auf etwas Schönes wie ein eindrucksvolles Haus: Zustimmung, Wunsch zur Nachahmung;
– die Unterscheidung von guter Anlage und falschem Gebrauch (vgl. auch Textausgabe, Begleittext 4 zu I 2).

Sodann erfolgt die Darstellung der Kindererziehung. Die Darstellung wird teils in direkter Gleichsetzung zum Hausbau (z. B. 120 *parentes fabri liberum sunt,* ›Die Eltern sind die Baumeister der Kinder‹), teils sofort metaphorisch (z. B. 122 *extollunt, parant sedulo in firmitatem,* ›sie ziehen in die Höhe, verschaffen voller Eifer Standfestigkeit‹), teils ohne Vergleich und Metapher gegeben (z. B. 126b, 129a).

Man kann herausarbeiten:
– die römische Erziehung: Inhalte; Familienbezug; Ziel: Bild für andere zu schaffen;
– das Risiko aller Eltern und Erzieher: Erst wenn der Zögling selbstbestimmt lebt, zeigt sich der Erfolg der Erziehung.

---

22 Vgl. dazu E. W. Leach (Literaturhinweise 3.3).

In den Versen 133–148 begründet (*nam* 133) Philolaches seine Behauptung, erst wenn der Militärdienst vorüber sei, lasse sich der Erfolg oder Misserfolg des Baus (das ist: der Erziehung) erkennen (131f.), am eigenen Beispiel. Das wird durch den Wechsel zur 1. Person Singular angezeigt. Die Parallelen zwischen Hausbau und Erziehung zeigt die folgende Übersicht:

Hausbau	Erziehung
(1) *paratae, expolitae* 102 *factae probe examussim* 103	*parentes fabri liberum sunt* 120 *fundamentum substruunt liberorum* 121 *extollunt, parant in firmitatem* 122 *expoliunt: docent litteras, iura, leges* 126 *adminiclum dant* 129f.
(2) *laudant fabrum, aedes probant, exemplum expetunt* 103 *similis vult suas* 104 *sumptum, operam parum parcunt* 104	*ut in usum boni et in speciem populo sint sibique, haud materiae reparcunt nec sumptus sumptui ducunt esse* 123–125 ; *sumptu suo et labore* 127; *nituntur, ut alii ... similis expetant* 128
(3) *immigrat nequam homo* 105 *aedibus vitium additur* 107 *bonae curantur male* 107	*immigravi in ingenium meum* 135
(4) *tempestas venit* 108 *confringit tegulas* 109 *dominus reddere alia non vult* 110	*venit ignavia tempestas* 137 *verecundiam ... modum ... detexit* 139f. *obtegere neglegens fui* 141
(5) *venit imber* 111 *lavit parietes, perpluunt* 111 *tigna putrefacit* 112 *perdit operam fabri* 112 *nequior factus est usus* 113	*amor advenit* 142 *pluit in corpus meum* 142 *in pectus permanavit* 143 *permadefecit cor meum* 143, 146 *perdidi operam fabrorum* 136 144–145
(6) *mantant* 116, *parietes ruunt* 117	146–148
(7) *aedificantur aedes totae denuo* 117	149–156, bes. 156

Philolaches nennt bei der Darstellung des Erziehungsganges das Ergebnis früher (145) als bei der Schilderung des Hausbaus, wo es am Ende stand (113). Die beiden Formulierungen sind in etwa spiegelverkehrt:

113 *nequior factus iam est* <u>*usus*</u> *aedium*

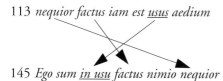

145 *Ego sum* <u>*in usu*</u> *factus nimio nequior*

Es ergeben sich ausdrückliche Gleichsetzungen und Vergleiche sowie anspruchs-vollere Metaphern. Das Publikum wird sehr behutsam in die Metaphern einge-führt, indem es durch Vergleiche vorbereitet wird.

Die Schilderung des Niedergangs der eigenen Person ist zeitlich gegliedert. Die gliedernden Zeichen nennen teils neue Etappen, teils das Andauern einer Etappe bzw. Momente innerhalb einer Etappe: 133f. *ad illud usque ..., dum ...*; 135f. *postea, cum ..., ilico oppido ...*; 137–140 *venit* und weitere Perfektformen, *ilico ...*; 141–143 *postilla ... continuo ... usque ...*; 144f. *nunc simul.*

Die einzelnen Stadien beim Hausbau und bei der Erziehung sowie Parallelen und Unterschiede zwischen dem nachlässigen Hausherrn und Philolaches lassen sich bei einem genau durchgeführten Vergleich erkennen:

Philolaches zieht in sein *ingenium* ein (135), das meint: Er übernimmt die Ver-antwortung dafür, bestimmt selbst sein Leben und Verhalten. Nimmt man den Vergleich ernst (vgl. 105 *ubi illo immigrat nequam homo),* entspricht das ausgebil-dete *ingenium* dem korrekt gebauten Haus. Wenn Philolaches nun als nichtsnut-ziger Hausherr einzieht und das Ergebnis von Aufzucht und Erziehung zerstört, so gibt das Anlass zu zwei möglichen Erklärungen:

a) Er spaltet sich hier gewissermaßen auf: Das *ingenium* ist, soweit es auf Erzie-hung beruht, gut, aber er selbst ist schlecht. Ein Aspekt des Charakters, die elter-liche Erziehung – an die soziale Umwelt denken die antiken Autoren nicht immer –, hatte bisher den Vorrang. Jetzt kommt der andere Aspekt, die Veranla-gung, heraus.

b) Es liegt das *ingenium* doch nicht so durch Veranlagung und Erziehung fest, wie man für antikes Denken annimmt, sondern eigendynamische Faktoren und Ein-wirkungen von außen haben einen Einfluss. Dann könnte man in der vorherge-henden Erziehung die Entwicklung dieser Selbstbestimmung vermissen.

Im Folgenden zeigt Philolaches, dass er sein *ingenium* als schlechter ansieht, als es ist. Er hat Gewissensbisse und Schuldgefühle. Die Erziehung hat also gewirkt. In 156 macht er sein *ingenium* für seine Lage verantwortlich. *In ingenium immigrare* (135) muss also doch das Durchdringen der Anlagen meinen; wie Philolaches dies kommentiert, zeigt aber den Einfluss der Erziehung und der Selbststeue-rung. Dass der *amor* mit den Witterungseinflüssen verglichen wird, zeigt jedoch auch, dass – wenn auch nicht bewusst – äußere Einflüsse, Lebenssituationen, als Faktoren bei der Charakterentwicklung berücksichtigt werden; in ihnen wird aber keine Ursache für die Charakterentwicklung gesehen, sondern nur ein Auslöser für erlernte oder nicht beherrschte Verhaltensweisen und ein zusätzlicher Faktor. Insgesamt können der Charakter des Philolaches und verschiedene Aspekte sei-ner Beurteilung durch eine Sammelliste (wie auf S. 23–25) geschildert und durch das Erstellen einer Charakterkurve (vgl. S. 25) zusammenfassend diskutiert werden; dies kann später durch einen Vergleich mit Callidamates ergänzt und erweitert werden (vgl. S. 25 und 28).

Daran lässt sich gut ein Vergleich mit heutigen Auffassungen von der Persönlichkeitsentwicklung anschließen. Der Begleittext 4 zu Szene I 2 in der Textausgabe bietet dazu Material. Es zeigt sich, dass der Antike die Faktoren der Persönlichkeitsbildung bekannt, wenn auch nicht alle gleichermaßen bewusst waren, ferner, dass bei der Gewissensbildung die soziokulturellen Faktoren ausschlaggebend waren, Fehlentwicklungen aber vorwiegend auf das *ingenium* zurückgeführt wurden.

Die Erziehungsziele können sodann kritisch betrachtet werden. Einerseits wird man an »Vorzeigekinder« denken und an ehrgeizige Eltern, repräsentiert z. B. durch die Mütter heutiger Kinderstars, Mütter also, die ihren eigenen Ehrgeiz durch Höchstleistungen des Kindes verwirklichen, ohne auf dessen Bedürfnisse Rücksicht zu nehmen. Andererseits wird man erkennen, dass Philolaches die in ihm liegenden Bedürfnisse zu erfüllen sucht, freilich Schuldgefühle entwickelt, dadurch aber zu einem lebenstüchtigen Verhalten finden kann, bei dem eigenes Wollen und fremde Ansprüche zum Ausgleich gebracht werden. So schließt Philolaches auch mit einer persönlichen Stellungnahme (149–156). Sie bietet Veranlassung, die Gewissensbildung zu besprechen, auf den Erfolg seiner Erziehung und sein doch gutes *ingenium* einzugehen und schließlich auch Unterschiede und Übereinstimmungen zwischen griechischer und römischer Erziehung und zwischen antiker und heutiger Erziehung zu besprechen. Für die Unterscheidung griechischer und römischer Erziehung ist insbesondere die Bewertung des Sportes wichtig. Der Zweittext I 2 B 5 bietet ausführliches Material.

Ergänzend kann ein Vergleich mit einem Text von Horaz erfolgen. Horaz stellt in seiner Satire (*serm.*) I 4, 105–129 die Erziehungsmethoden seines Vaters genau als Arbeiten mit Vorbildern dar und zeigt, dass dieses Arbeiten mit Exempeln eine lang währende Konstante im römischen Leben war, gleichgültig, ob es einfachem Denken oder philosophischer Überlegung entstammte (115f.):

105   Mein bester Vater hat mich daran gewöhnt,
106   dass ich, indem er jeden Fehler an Beispielen kenntlich machte, diesen mied.
107   Wenn er mich mahnte, sparsam, einfach und
108   mit dem zufrieden zu leben, was er mir selbst bereitgestellt hatte:
109   »Siehst du nicht, wie der Sohn des Albus im Elend lebt und wie
110   Baius in Armut? Große Lehre, dass keiner das väterliche Vermögen
111   kaputt machen wolle!« Und wenn er mich von der schimpflichen Liebe zu
112   einer Prostituierten abschrecken wollte: »Sei bitte nicht dem Scetanus ähnlich!«
113   Damit ich nicht Ehebrecherinnen folgte, obwohl ich erlaubte Liebe genießen
114   konnte: »Ertappt wurde Trebonius, sein Ruf ist nicht schön!«,
115   sagte er immer. »Ein weiser Mann wird dir die Gründe angeben dafür,

116 was zu meiden und was anzustreben besser ist; mir genügt es, wenn
117 ich die von den Alten überlieferte Sitte bewahren und dein
118 Leben und deinen Ruf, solange du eines Wächters bedarfst, in
119 Unversehrtheit halten kann. Sobald dein Alter deinen Körper und
120 deine Seele stark gemacht hat, wirst du ohne Kork schwimmen.« So
121 formte er mich als Knaben mit seinen Worten und entweder befahl er mir,
122 etwas zu tun und hielt mir mit den Worten »Da hast du ein Vorbild, nach
   dem du das tust«
123 einen von den ausgewählten Richtern vor Augen,
124 oder er verbot es mit den Worten »Zweifelst du etwa, ob dies unehrenhaft
   und unangebracht zu tun ist
125 oder nicht, wo doch dieser und jener von schlechter Nachrede
126 nur so brennt?« Wie das Leichenbegängnis des Nachbarn kranke Süchtige
127 erschreckt und sie mit der Todesangst zwingt, schonend mit sich umzuge-
   hen,
128 so schreckt oftmals zarte Seelen fremde Schande von
129 Fehlern ab.

Zur Texterschließung der Verse 101–156

Die Erschließung der einzelnen Abschnitte 101–117, 118–132, 133–148 und
149–156 kann folgenden Hauptgesichtspunkten folgen:
a) Was will Philolaches begründen? – den Vergleich Mensch – Haus.
b) Wo ist davon etwas ab 101 aufgenommen? – 101 *aedes*.
c) Was ist weiter zu erwarten? – *homines* (118).
d) Die Erläuterungen zu *aedes*, die Verbalinformationen und ihr jeweiliges Subjekt werden festgestellt, die Eigenschaften des *homo* werden festgehalten.
e) Die Gliederung des Abschnittes durch gliedernde Zeichen, also die Etappen
   der Darstellung, werden festgehalten: 101 *cum extemplo ...*, 105 *atque ubi ...*,
   (107 *hic iam ... additur*), 108 *atque illud saepe fit ...*, (113 *factus iam est*), 114
   atque ea ..., (117 *... denuo*).
f) Mit *aedificantur aedes totae denuo* (117) ist der Neubeginn des Kreislaufs markiert. Die Verse 118–119 nehmen das Vokabular der Verse 99 *(argumenta)*
   und 91 *(similis)* wieder auf. Nach der Darstellung zu den Häusern kommen
   jetzt die Parallelen bei den Menschen.
g) Die Beobachtung der gliedernden Zeichen vermittelt eine erste Gliederung
   der Abschnitte ab 118: 120 *primum*, 129 *cum*, 131 *eatenus*, 133 Neueinsatz
   ego, 149 *cor dolet*.
h) Die Paralleletappen im menschlichen Leben können – meist auch anhand des
   Wortmaterials – leicht festgestellt und entsprechend neben den längst im Heft
   festgehaltenen und jetzt auch an der Tafel bzw. auf der Folie im Tageslichtpro-
   jektor wieder vorgestellten Etappen des Hausbaus und des Hauszerfalls festgehalten werden (vgl. Übersicht S. 49).
i) Man sieht, dass noch nicht alle Etappen des Hausschicksals mit denen des
   Menschenschicksals verglichen sind. Die Fortsetzung muss also der nächste

Abschnitt mit dem persönlichen Beispiel *(nam ego* 133) des Philolaches bringen.

k) Dieser Abschnitt (133–148) ist anhand der zeitlichen Gliederung (durch Zeitadverbien und Temporalsätze) und anhand der wörtlichen Wiederaufnahmen aus dem Hausbauabschnitt leicht zu erschließen. Die Parallelen werden an der Tafel oder auf der Folie festgehalten.

Die Verse 149–156 lassen sich dann als persönliche Stellungnahme erkennen: Philolaches zeigt seinen Schmerz beim Vergleich von Einst *(ut fui* 149, *erat* 150, *victitabam* 153, *eram* 154, *expetebant* 155) und Jetzt *(nunc sum* 149, *nunc repperi* 156).

Zusammenfassung

Szene I 2 (84–156): Kenntnis einiger Elemente römischer Erziehung im 2. Jahrhundert v. Chr. und einiger gesellschaftlicher Normen. – Einblick in die Aufgabe des Monologs, die Selbstdarstellung, die Darstellung von Gedanken und Empfindungen einer Dramenfigur, zu ermöglichen:

angestrebte Unterrichtsergebnisse	methodische Hinweise/ Belege
Philolaches berichtet in fünf Abschnitten seine Ansichten und Gefühle.	
1. P. verkündet, dass er lange nachgedacht hat und das Ergebnis beweisen will;	84–100
2. P. stellt den Hausbau dar, das Können des Baumeisters, den Verfall bei einem nachlässigen Herrn;	101–117
3. P. vergleicht den Hausbau mit der Kindererziehung, den Erbauer mit den Eltern;	118–131
4. P. vergleicht den Einzug des nachlässigen Herrn mit der Übernahme der Selbstverantwortung durch die Kinder, die Witterungseinflüsse mit der Liebe;	132–148
5. P. fügt seine persönliche Stellungnahme hinzu, bedauert seine persönliche Entwicklung, für die er sich selbst die Schuld gibt, vergleicht seinen früheren und seinen jetzigen Zustand.	149–156
Philolaches zeigt die Bedeutung seiner Mitteilung	
– durch die Aufzählung von vielerlei Aspekten oder Stadien seines Denkvorgangs	viele Verben für ›nachdenken‹ (84–87) und ›finden/ meinen‹ (89–91)

– durch die Verwendung von Intensiva und der Wörter *diu* und *multa*	84–87
– durch die Betonung des Mitteilungsvorgangs	Wortfeld ›sagen‹ 92, 95, 97–99
– durch die Berücksichtigung möglicher Einwände des Publikums und den Wunsch, alle zu seiner Meinung zu bringen.	93–100
Philolaches vergleicht die Kindererziehung mit dem Hausbau:	
1. Der Bau durch gute Architekten entspricht der Erziehung durch fürsorgliche Eltern;	101–104 = 120–131a
ein erfolgreicher und schöner Bau gefällt, wird gelobt und zum Beispiel genommen, das Gleiche gilt für einen erfolgreich erzogenen Jugendlichen;	103f. = 123f.
Philolaches hat einst dieser Beispielhaftigkeit entsprochen.	154f.
2. Der Einzug eines untauglichen und untätigen Herrn bewirkt Verfall, weil von außen kommende Beschädigungen nicht behoben werden.	105–110
Dies wird gleichgesetzt mit der Übernahme der Verantwortung für das eigene *ingenium;* von diesem Moment an zeige sich das *ingenium* unbeeinflusst.	135–141: Nach antiker Vorstellung wirken Physis und Paideia bei der Charakterbildung zusammen und ein in der Jugend erreichter Charakterzustand wird oft als unveränderlich angesehen.
3. Zusätzliche Witterungseinflüsse bewirken den völligen Zerfall des Hauses.	111–117
Der Sturm wird bei der Jugendentwicklung mit der Liebe gleichgesetzt.	142–148
4. Elemente römischer Erziehung sind	
– *litterae, iura, leges*	126
– Vorbilddenken	128
– Militärdienst (bis zur Einführung eines Berufsheeres)	129
– ständige Begleitung durch Angehörige.	130

Ziele römischer Erziehung sind u. a.	
– *verecundia, virtutis modus* (Gewissensbildung)	139
– *fides, fama, virtus, decus* (Achten auf die Gruppe)	144
– *parsimonia* (wirtschaftliches Denken)	154
– *duritia* (Härte)	154
– sportliche Ausbildung als militärische Ertüchtigung.	151–153
Als Unterschiede zwischen griechischer und römischer Erziehung können festgestellt werden:	
– die griechische Erziehung diente der individuellen geistigen und körperlichen Vervollkommnung;	vgl. 151 *disco, pila*
– die römische Erziehung diente der Ausbildung gesellschafts- bzw. staatsbezogener Fähigkeiten; nach Einführung des Berufsheeres geht die sportliche Betätigung der Römer zurück und beschränkt sich vorwiegend auf Fitnessübungen.	vgl. die sportliche Erziehung, die Cato (Plutarch, *Cato maior* 20) seinem Sohn vermittelt
Philolaches zeigt durch seine Reflexion und durch sein Schuldbewusstsein, dass die Erziehung bei ihm gewirkt hat, auch wenn er selbst sich skeptisch äußert.	Eine Konfrontation mit heutigen Verhältnissen ist möglich, insbesondere ein Hinweis darauf, dass eine Entwicklung geistig-seelischer Art auf der Auseinandersetzung mit Normen und Forderungen beruht, zumindest davon gefördert wird.

Szene I 3 (157–312)

Die Szene I 3 vermittelt weitere Informationen über Philolaches, hat aber auch ein eigenständiges Thema. Die Geliebte des Philolaches, das freigekaufte Mädchen Philematium, erweist sich als treu und dankbar und will alles tun, um Philolaches zu gefallen. Dem dient auch die sach- und zeitaufwändige Kosmetik, vor deren Übertreibung ihre Beraterin Scapha sie bewahren muss. Scapha ist lebenserfahren, aber offenbar von Männern nur ausgenutzt worden, solange sie attraktiv war; jetzt zeigt sie sich als geprüfte und resignierende alte Frau, die aus eigener

Erfahrung nur dazu raten kann, dem Egoismus zu huldigen, sich finanziell auf eigene Beine zu stellen und klingender Münze mehr zu vertrauen als noch so feurigen Liebesschwüren. Beide Haltungen, die Philematiums und die Scaphas, sind nicht nur für Vertreterinnen des Hetärenstandes und für Erfahrungen mit Männern, sondern überhaupt für Erfahrungen mit Menschen typisch. Dass Philematium die positiv-vertrauensvolle Haltung hat, ist weniger ihrer Jugend zuzuschreiben – auch Plautus zeichnet junge Hetären, die ganz im Sinne Scaphas tätig sind, z. B. die *Bacchides*, und auch heute finden sich bei Jugendlichen skeptisch-misstrauische Auffassungen vom Mitmenschen. Der Grund liegt vielmehr in ihrer grundlegenden Erfahrung mit der Aufrichtigkeit und dem persönlichen Einsatz des Philolaches. Damit geht Philolaches weit über das übliche römische Verhalten junger und alter Männer gegenüber Hetären hinaus. Denn es war in Rom nicht üblich, Hetären als gleichberechtigte Menschen so sehr zu achten, dass man auch für ihre zivilrechtliche Unabhängigkeit sorgte. Philolaches gibt damit dem Publikum Anschauungsunterricht über die Achtung der Menschenwürde.

Gleichzeitig erweist sich Philolaches als total verliebt. Alles, was Philematium und Scapha sagen, beurteilt er danach, ob es seine und Philematiums Liebe bestätigt und unterstützt, gegen sie spricht oder ihr sogar gefährlich werden kann. Er wünscht die totale Hinwendung Philematiums zu seiner Person. Der Abschnitt 166–192 zeigt dies mit den Reaktionen des Philolaches auf verschiedene Äußerungen sehr anschaulich:

166–175: Scapha preist Philematiums Schönheit, Philolaches lobt sie und will ihr etwas schenken.

176–185: Scapha lobt Philematiums Schönheit weiter und beteuert dabei, sie wünsche, Philematium liebe sie und Philolaches liebe Philematium so sehr, wie sie schön sei. Philolaches vermisst den Vergleichssatz »(so sehr,) wie sie Philolaches liebt« und verflucht Scapha.

186–203: Scapha rät Philematium, sich nicht auf einen Liebhaber zu konzentrieren und alle Männer auszunutzen. Philolaches ist wütend und stößt Flüche gegen sie aus.

204–223: Philematium betont ihre Dankbarkeit gegenüber Philolaches und weist Scaphas Ansinnen zurück. Philolaches lobt Philematium und stößt Drohungen gegen Scapha aus.

224–234: Scapha rät zur Heirat, Philematium geht darauf nicht ein, sondern lenkt das Gespräch auf Fragen des ehrenvollen Verhaltens. Philolaches lobt ihre Äußerungen und wünscht sich, sein Vater wäre tot und er könnte ihr alles vererben.

235–247: Scapha kommt auf die Vermögenslage des Philolaches zu sprechen. Alles sei bald verprasst. Philematium verbietet ihr, schlecht über Philolaches zu sprechen. Scapha hört damit auf und sagt, sie sehe, Philematium liebe Philolaches über alles. Philolaches dreht die Verhältnisse um: Er sieht jetzt Philematium als Anwalt seiner Sache: *patronum liberavi*, »(in ihr) habe ich meinen Anwalt freigekauft« (244).

248–292: Philematium treibt weiter Schönheitspflege. Dabei werden natürliche und kosmetische Schönheit einander gegenübergestellt und Philolaches genießt die bewundernden Äußerungen über Philematiums Schönheit.

Mit der liebevollen Haltung, die Philolaches hier zeigt, korrigiert er das Bild, das der Zuschauer aus den Äußerungen Grumios (21–33, 83) gewinnen konnte, jedoch nur bedingt. Ein moderner Zuschauer wird schon in der Szene I 2 den guten Charakter des Philolaches bemerkt haben und ihn in der Szene I 3 bestätigt finden. Ein römischer Zuschauer wird das schlechte Gewissen, das Philolaches in der Szene I 2 zeigt, für einen guten Ansatz gehalten und insofern ebenfalls den Eindruck aus Grumios Äußerungen korrigiert haben. In der totalen Verliebtheit und in dem finanziellen Aufwand für Philematium wird er aber nichts Positives, vielleicht etwas Griechisches gesehen haben; Grumio hatte ja auch das Verhalten des Philolaches in dem Ausdruck *pergraecari* zusammengefasst und diesen wieder in der Dihaerese *dies noctesque bibite; pergraecamini; amicas emite, liberate; pascite parasitos, obsonate pollucibiliter* (22–24) konkretisiert. So bleibt für den römischen Zuschauer das Amüsement über den Verliebten, die Bestätigung seiner Vorurteile durch Scaphas raffgierige Äußerungen, das Lachen über Hetären und ihre Freier, das oft zum Lachen über sich selbst wird – sicher von Plautus beabsichtigt.

Aus der Szene – so, wie sie Plautus gestaltet hat – spricht Verständnis für Scapha und für Philematium und für die überschwänglich-ungeordneten Gefühle der (ersten) Liebe. Sonst könnte Scapha nicht ihre Erfahrungen so offen und kritisch darlegen, sonst würde sich Philematium nicht als so dankbar erweisen, sonst spräche aus Philolaches nicht so viel Unbedingtheit des Gefühls.

Wegen der doppelten Aufgabe der Szene und ihrer doppelten Thematik wird man sie trotz ihrer Berühmtheit, trotz ihrer Anschaulichkeit und trotz ihres Witzes nicht in jedem Kurs lesen. Wer die *Mostellaria* zum Beispiel als Anfangslektüre liest, wird die Szene auslassen, weil die Verliebtheit des Philolaches auch aus der Szene I 2 und sein Einsatz aus der Szene I 1 hervorgehen und weil die Thematik der gesellschaftlichen Beurteilung der Liebe und des Verhältnisses Mann – Frau sicher erst von der 10. Klasse an so behandelt werden kann, dass sich einige Ergebnisse sichern lassen. Bei später Lektüre (ob als Anfangslektüre in spät einsetzenden Lateinkursen oder als Lektüre nach anderen in Latein I oder II) muss man zwischen der Ausrichtung auf das Thema der Unterrichtsreihe und der Attraktivität der Szene wählen. Ein Kompromiss lässt sich erreichen durch deutsche Lektüre, durch zweisprachige Lektüre, durch kursorische Lektüre, durch Beschränkung auf die Originallektüre der Verse 161–230 in Verbindung mit einer der vorgenannten Lektüreformen.

Für die Beantwortung der Aufgaben zu dieser Szene folgt eine nicht ganz erschöpfende Liste von Witztechniken und stilistischen Mitteln:

Witztechniken: Wortspiel in Kalauerart (159–161); überraschende Fortführung eines Satzes (253); Rätsel mit einer Art Oxymoron (273).
Stilistische Mittel in der Szene I 3 (auf eine reine Aufzählung beschränkt):
161 Figura etymologica *Venus venusta;* 162f. Metapher *perpluit;* 165 Allegorie *madent (in corde) parietes;* 167 Anapher *meo – meo;* 168 Polyptoton mit Distink-

tion *lepidis lepida;* 170 *s*-Alliteration; 172 Hendiadyoin *aspice et contempla;* 177 Chiasmus *vituperari falso quam vero extolli;* 178 *m*-Alliteration; 181 Epimone; 186 Epimone; 186 Anapher *tam;* Epanalepse *doctam;* 186f. Antithese; 187 Polyptoton *stultam stulte;* 190 Antithese *matronae, non meretricium;* 195 Hendiadyoin *amicum et benevolentem;* 196 Paronomasie und Homoioptoton *aetate et satietate;* 201 *c*-Alliteration; 202 Hendiadyoin *reliquit deseruitque;* 204 *op*-Alliteration; 205 *s*-Alliteration; 218 *v*-Alliteration; 219 *s*-Alliteration; 232ff. *r/f*-Alliteration; 236 Metapher *sagina;* 251 Polyptoton mit *s*-Alliteration und Allegorie; 255 *c*-Alliteration; 257 Paronomasie *adsentatrix – adversatrix;* 259 Allegorie; 263f. Dihaerese; 273 Oxymoron; 305 inhaltlich besonders sinniger und schöner Parallelismus *tu me amas, ego te amo.*

Szene I 4 (313–347)

Die Szene I 4 trägt zwar nichts zur Charakterisierung der Hauptpersonen und nicht viel zur Exposition bei. Sie sollte aber unbedingt gelesen werden. Sie ist von mitreißender Komik und Unterhaltsamkeit. Sie lässt sich mit unfehlbarer Wirkung vorlesen und darstellen. Sie zeigt ungläubigen Schülern, was alles in lateinischen Texten verborgen sein kann – einschließlich des betrunkenen Lallens. Sie stellt in Callidamates einen hinreißend liebenswürdigen Faulenzer vor, der sich später (V 3) als durchaus besonnener und diplomatischer Vermittler erweist. Sie stellt ein ebenso hinreißend liebenswürdiges Mädchen vor, das klug ist und ihrem Freund in allen Dingen beisteht. Und vor allem bildet die Szene den Hintergrund für die darauf folgende Szene mit der Schreckensnachricht Tranios, die ohne diesen Hintergrund in ihrer Dramatik gar nicht voll erfasst werden könnte.
Auch eine zeichnerische Darstellung ist möglich. Zum Sammeln von Informationen zum Charakter der Personen und zu Charakterkurven vgl. S. 23–25.

Akt II

Szene II 1 (348–408)

Das fast idyllische, wenn auch lebhafte Bild der zechenden und schmausenden jungen Leute, mit dem die Szene I 4 schloss, wird für den Zuschauer jäh durch den Auftritt Tranios unterbrochen. Er zeigt zunächst alle Zeichen von Bestürzung. Er hat am Hafen gesehen, dass der alte Theopropides von seiner Reise zurückgekehrt ist, und weiß: Jeden Augenblick muss dieser zum Haus kommen. Tranio befürchtet jetzt, was ihm Grumio in der Szene I 1 vorausgesagt hat (vgl. 352 mit 50 und 354–358 mit 18–19 und 55–57). Was der Grund seiner Aufregung ist, sagt er dem Publikum aber erst nach fünf Zeilen wirkungsvoll formulierter Bestürzung. Jupiter wird für ein Unglück verantwortlich gemacht (348), seine Aktivität – von einer Alliteration unterstrichen *(supremus summis)* – als höchst intensiv geschildert *(summis opibus atque industriis* 348), die Betroffenen werden nach und nach genannt, erst Tranio *(me),* dann Philolaches (349). Die Größe und die Ausweglosigkeit des Unglücks werden mehrfach ausgedrückt: allgemein in *occidit spes nostra* und, in einer Epimone wiederholt, durch das bildhafte *nusquam stabula est confidentiae,* schließlich gesteigert in dem Polyptoton mit Distinktion *nec Salus nobis saluti iam esse, si cupiat, potest* (351). Dann folgt noch eine alliterierende metaphorische Darstellung der Ursache *(mali maeroris montem maxumum ad portum modo conspicatus sum* 552f.) und schließlich die konkrete Nennung *erus advenit peregre,* der sich chiastisch noch einmal die Darstellung der Folge – jetzt auf Tranio beschränkt – anschließt: *periit Tranio.*

Dass alles Spiel ist und dass Tranio immer auch der schlitzohrige Sklave ist, zeigen dann die folgenden Zeilen. Tranio sucht im Publikum einen bezahlten Bußeleider, der für ihn die zu erwartende Strafe an sich vollziehen lässt, und verspricht die Bezahlung unter Bedingungen, die sie überflüssig machen (354–361).

Dann geht er zum Haus und es entsteht viel komische Wirkung und Spannung dadurch, dass Philolaches zunächst nichtsahnend nur vermutet, Tranio bringe Essen (363), dann Tranio erst die Folgen statt der Ursachen nennt und Philolaches ihn immer wieder unterbricht (364f.), Tranio eine Frage bewusst missversteht und albern beantwortet (368) und Callidamates mühsam mehrfach geweckt werden muss, sich erst langsam über den Ernst der Lage klar wird und schließlich in einer lebhaften Szene und mit drastischem Witz (386) ins Haus getragen wird (372–386).

Tranio erweist sich schnell als Herr der Lage, trifft Anordnungen und beruhigt die Anwesenden. Alle Menschen, alle Gegenstände werden ins Haus geschafft, das Haus wird von innen und außen verschlossen, Tranio verlangt absolute Ruhe. Das Verhältnis Herr – Sklave erscheint verkehrt und in ein Klientelverhältnis verändert, Philolaches begibt sich unter den Schutz Tranios, und Tranio ist sich seiner Rolle bewusst (406–408).

Zur Texterschließung

Die Texterschließung der Verse 348–362 kann so erfolgen, dass der Text nach Satzarten, Personenbezeichnungen und Tempora gegliedert wird und sodann Wortfelder – also thematische Schwerpunkte bzw. Themen in ihrer Ausbreitung – beobachtet werden:

348–351: 3. Person Präsens, Wortfeld ›Unglück‹ *(perisset, occidit, spes, confidentiae, Salus, saluti):* Tranio berichtet über feindliche Mächte und Zustände in Aussagesätzen.

352–353: 1. und 3. Person Perfekt, Fortsetzung des Wortfeldes ›Unglück‹. Tranio berichtet in Aussagesätzen, was geschehen ist; dabei spricht er zum Teil über sich selbst in der 3. Person.

354–361: Fragesätze nach Personengruppen in der 3. Person Singular und Plural und Ankündigungen Tranios in der 1. Person Singular und 3. Person Singular Futur oder Imperativ II.

362: Frage an die eigene Person.

Die folgenden Dialogpartien können von der Beobachtung der beteiligten Personen her gegliedert, die einzelnen Abschnitte dann durch die Beobachtung von Wortfeldern und Satzarten (Tempora, Modi) erschlossen werden:

363–371: Philolaches und Tranio, Wechsel von Fragen und Aussagen im Präsens und Perfekt, schließlich konjunktivische Frage und Aufforderung (371). Wortfelder ›Unglück‹, ›Zurückkehren‹, ›Sehen‹, ›Sagen‹.

372–386: Tranio, Philolaches, Delphium, Callidamates. Wortfelder ›Wachen/Schlafen‹, ›Zurückkehren‹, ›Unglück‹.

387–395: Philolaches stellt sein Unglück fest *(perii, nullus sum)*, stellt Fragen, macht Ausrufe, teilt seine Furcht mit. Tranio macht lange Ausführungen mit Ankündigungen im Futur und Aufforderungen in der 2. *(habe, taceas, abite, amolimini, potate)* und 3. Person *(eat)*.

396–408: Tranio spricht mit Philolaches, dann mit dem Mädchen, dann wieder mit Philolaches usw.

Zusammenfassung

Einblick in Fähigkeiten, die dem Sklaven Selbstständigkeit verschaffen. – Kenntnis inhaltlicher und stilistischer Mittel, die einem Monolog und einem Dialog dramatische Spannung verschaffen:

angestrebte Unterrichtsergebnisse	methodische Hinweise/Belege
Tranio kündigt die Ankunft des *pater familias* Theopropides in einem inhaltlich und stilistisch dramatischen Monolog an.	Im Einzelnen: Übertreibungen (Hyperbeln): Rückführung auf Jupiter (348), Superlativ (348), Wortfeld ›Untergang‹ (*perire* 349, *occidere* 350, *salus* 351 (Gegensatz), *excruciare* 355, andere Sklavenstrafen 356–360); vielfältige Formen der Verneinung 350f.; Verwendung von *Salus* als Göttin und als Sache, dadurch Polyptoton und Emphase 350f.; Metaphern *stabula confidentiae* 350, *maeroris mons* 352; evtl. rhetorische Fragen 354–358 mit Dihaerese der in 354f. beschriebenen Person in den vv. 356–358; Chiasmus 353.
Das erschreckende Ereignis und die Hilflosigkeit des Philolaches werden durch den Kontrast mit einer falschen Vermutung und durch häufiges Nachfragen und Wiederholen verdeutlicht.	Falsche Vermutung 363 mit Epanalepse *adest, adest;* Nachfrage und Wiederholung 364–369.

Die Spannung wird durch die Begriffsstutzigkeit und Lässigkeit des betrunkenen Callidamates gesteigert.	372–386
Der Einzige, der Übersicht behält und einen Plan entwickelt, ist der schlaue Sklave Tranio.	387–405; Konfrontation von Inhalt und Kürze der Ausrufe und Fragen des Philolaches mit Länge und Inhalt der Ausführungen Tranios.
Das Verhältnis *patronus – cliens* erscheint umgedreht. Die Komödie spiegelt außer den bestehenden Machtverhältnissen auch andere denkbare.	406–408

Szene II 2 (409–430)

Die Szene beginnt mit einem Monolog Tranios; er schließt an den Inhalt des Schlusssatzes der vorhergehenden Szene an. Tranio zeigt, dass man sich selbst helfen muss, wenn man nicht Spielball anderer sein will, und entspricht damit seinen früheren Äußerungen in der Szene I 1 (52–54). Er spricht allgemein, meint sich selbst und schreibt sich als Eigenschaften zu: *audacia* (409), *vir doctus* (412). Er ist stolz, dass ihm aus den Unkorrektheiten *(facta nequiter)* kein Schaden erwächst (418) – der erfolgreiche Tunichtgut. Dann meldet Sphaerio, dass alle Anordnungen Tranios ausgeführt sind, das Haus wird verschlossen, Tranio kündigt voller Siegesbewusstsein an, dass er Theopropides nach allen Regeln der Kunst auf den Leim führen will.

Die Frage, wie das Vorhaben ausgehen wird, bewirkt Spannung beim Publikum; dabei wirkt der starke Gegensatz zwischen den geräuschvollen Szenen vorher und der jetzigen planvollen Stille und Verlassenheit verstärkend.

Wichtiger noch ist die Szene wegen der geschilderten Haltung des Stolzes und der selbstbewussten Ankündigung weiterer Tricks. Tranio und seine Haltung sind damit im Bewusstsein des Publikums fest verankert, und das gemeinsame Wissen, was mit Theopropides geschehen soll, verbindet das Publikum mit Tranio, lässt es in Theopropides den Unterlegenen oder Unterliegenden vermuten, lässt ihm die Einfälle und Tricks Tranios nicht als empörende Frechheit, sondern als bewundernswerte oder mitreißende Reaktionsschnelligkeit und Intelligenz erscheinen, weckt in ihm den Wunsch, gleich auf der Seite des Siegers zu stehen. Von jetzt an steht Theopropides nicht nur unter der vorausschauenden Beobachtung Tranios *(hinc speculabor procul* 429), sondern unter der des ganzen Publikums, das darauf eingestimmt ist, ihn in alle Fallen Tranios tappen zu sehen.

Auch in dieser Szene finden sich wieder vielerlei stilistische Erscheinungen, die bei der Behandlung einzelner Sätze besprochen werden können: 410 Dihaerese *vel optumo vel pessimo;* 411 *f*-Alliteration; 412 *v*-Alliteration, *id*-Klänge; 414 Epimone; 420 *p*-Alliteration; 423 *a*-Alliteration; 425 *c*-Alliteration, *o*-Laute; 427 Hyperbaton *vivo praesenti – seni,* dadurch Hervorhebung zum folgenden Gegensatz *mortuo;* 430 Metapher *sarcinam imponam.*

Zusammenfassung

Einblick in Ziele und Möglichkeiten eines intelligenten Sklaven:

angestrebte Unterrichtsergebnisse	methodische Hinweise/ Belege
Der Sklave Tranio rühmt seine *audacia* und konfrontiert sie mit den Grenzen des *patronus-cliens*-Verhältnisses.	Tranio hebt hervor: *audacia* 409; »Gelehrtheit« bzw. Kenntnisse und Findigkeit 412.
Tranio unterscheidet sich so	
– vom Klienteldenken	s. o.
– vom Denken anderer Sklaven wie Grumio (Szene I 1, vgl. Szene IV 1), das sich nach den Maßstäben des Herrn richtet.	Vgl. Szene I 1.
Sein Ziel ist jedoch das gleiche wie das von Klienten und gehorsamen Sklaven.	415, vgl. oben Szene 1 1.

Szene II 3 (431–531)

Von dieser Szene hat die Komödie ihren Namen. Hier erfindet Tranio das Gespenst *(monstrum,* Verkleinerungsform *mostellum,* davon *Mostellaria,* ›Gespensterkomödie‹). Sie ist die erste einer Anzahl von Szenen, in denen Tranio stets neue Ausreden erfinden muss, mit denen er – wie hier – schon begangene Taten verdecken oder – wie im dritten Akt – alle Ausreden verstärken oder mit dem Schein der Wahrheit versehen oder die drohende Entdeckung abwenden muss. Vor allem aber wird hier Theopropides in eine Scheinwelt versetzt, aus der er erst in der Szene IV 4 herausgerissen wird. Aus diesen Gründen ist die Szene die ausführliche und genaue Lektüre wert und muss sorgfältig analysiert und ausgewertet werden.

Die Szene beginnt mit dem Auftritt des Theopropides. Er richtet eine Art Gebet an den Gott Neptun. Er dankt ihm, dass er seinem Zugriff noch einmal entkommen ist. Er schwört, nie mehr zur See zu fahren, und bekräftigt dies damit, dass er widrigenfalls Neptun freie Hand lässt, ihn untergehen zu lassen. Dann weist er ihn von sich und setzt damit eine deutliche Trennung. Die Begründung *nunciam, post hunc diem quod crediturus tibi fui, omne credidi* (436f.) ließe sich verschieden interpungieren und interpretieren. Wahrscheinlich sagt Theopropides: »Was ich dir erst später als heute *(post hunc diem)* anvertrauen wollte, das habe ich dir jetzt schon *(nunciam)* alles anvertraut«.[23] Das ›Gebet‹ hat also drei Teile: 431–432: Danksagung; 433–435: Absage an die Seefahrt; 436–437: endgültige Trennung von Neptun (womit der Inhalt der 433–435 wieder aufgenommen wird) und Begründung mit dem jetzt Erlebten (womit der Inhalt des Verses 432 wieder aufgenommen wird).

Für den Ton sind bezeichnend das vorgestellte *habeo* (431) – nicht die Nennung des göttlichen Namens steht am Anfang, Pathos wird unterdrückt –, ferner das alliterierende, expressive *vix vivom* (432) und die rituell-drastische Epanalepse *apage, apage* (436). Theopropides stattet Neptun einen durchaus sarkastischen Dank ab und macht damit die Endgültigkeit seines Abschieds von der Seefahrt deutlich. Man kann sich diese Zeilen mit entsprechender sprachlicher und gestischer Übertreibung gespielt vorstellen.

Mit dieser sarkastischen Haltung ist auch die Zwischenbemerkung Tranios vorbereitet, der Neptun Vorwürfe macht, Theopropides am Leben gelassen zu haben (438f.); sie ist im übrigen nicht schwerer zu bewerten als eine frühere Bemerkung des Philolaches (233f.). Das Spiel wiederholt sich in den Versen 440–443. Theopropides' erleichterte und hoffnungsvolle Äußerung, nach drei Jahren Abwesenheit werde er wohl erwartet, wird von Tranio böse parodiert.

Der Abschnitt bietet Veranlassung, auf die Gefahren der Seefahrt einzugehen.[24] Ebenfalls wird sichtbar, dass die Götter des griechischen Mythos hier eine recht ehrfurchtslose Behandlung erfahren; sie fungieren noch als Chiffren bestimmter Mächte, aber es sind diese Mächte, nicht ihre Götter, die Angst machen, und für Römer ist kennzeichnend, dass sie ein verträgliches Verhältnis zu den göttlichen Mächten suchen. Daher ist in den Versen 436–437 auch eine Parodie von Vertragsformeln zu sehen. Es geht gar nicht mehr um ein Geschäft mit kontinuierlich wechselnden Leistungen, sondern Theopropides hat längst alle Leistungen von seiner Seite aus erbracht.

Der folgende Abschnitt (444–474) beginnt mit der Verwunderung des Theopropides, dass die Haustür verschlossen ist. Hier brauchen Schüler Aufklärung, denn bei uns ist eine verschlossene Haustür – zumindest aber eine verschlossene Wohnungstür – üblich. In der Antike aber waren Häuser tagsüber geöffnet und Wachsklaven hielten sich bei der Tür auf. Eine solche Information kann gleichzeitig darauf führen, dass sich in südlichen Ländern viel mehr häusliches Leben auf der Straße, also auch vor dem Haus, abspielt, wenn dies nicht bereits aus den Szenen I 3–4 bekannt ist.

Als Theopropides an die Tür klopft, tritt Tranio aus seinem Versteck und tut so, als wüsste er noch gar nicht, wer da klopft. Die Begrüßung fällt kurz aus. Theopropides fragt, weswegen das Haus verschlossen ist. Nun muss Tranio zu Verzögerungstaktiken greifen und langsam seine Intrige und sein Lügengespinst entwi-

---

23 *Nunciam* und *post hunc diem* sind also zu trennen und kein Pleonasmus, wie Collart, T. Maccius Plautus, Mostellaria, 1970, S. 98, zu 436–437 meint, der so paraphrasiert: »à partir de maintenant et désormais toute la confiance que je me suis trouvé disposé a t'accorder, j'ai fini de te l'accorder«.

24 Vgl. A. Lesky: Thalatta. Der Weg der Griechen zum Meer, Wien 1947.

ckeln. Theopropides muss fragen und um konkrete Informationen bitten und eine Erschrecken heuchelnde Frage Tranios mit einer Äußerung beantworten, die durch ihre Selbstverständlichkeit witzig ist (462). Zunächst stellt Tranio sich dumm (450), dann erschrocken über das Klopfen (454, sinnvoll hat er 446 nur gefragt *Quis ... est, qui accessit prope?),* dann konstatiert er *male hercle factum* (458), drängt auf Flucht (460f.) oder jedenfalls Entfernung vom Haus (460, 467f.), malt die Folgen des Klopfens drastisch aus (463, 465) und meidet konkrete Angaben durch die Aufforderung, sie sollten alle die chthonischen Mächte versöhnen. Die Textausgabe bringt dazu Informationen und Fragestellungen.

Eine weitere Verzögerung konkreter Auskünfte wird durch die umständliche Absicherung erreicht, dass auch ja niemand sonst zuhöre (472–474). (Man kann sich dabei durchaus vorstellen, dass die Sklaven des Theopropides weiterhin auf der Bühne sind und gestikulieren; sie sind als Gepäckträger und Eigentum des Theopropides keine Fremden und keine menschlichen Lauscher, die Aufforderungen in 467f. *iube abscedere* und *abscedite* meinten wohl nur die notwendige Entfernung von der verräterischen Haustür, damit niemand eventuelle Geräusche hörte.)

Dann endlich findet Tranio sein Thema *capitale scelus factum est* (475) und entwickelt es in den Versen 479–505; die zum Teil ungläubigen Zwischenfragen des Theopropides kann er – nun wieder sicher geworden – frech kontern (493–495). Als dann Geräusche aus dem Haus dringen, gelingt es Tranio doppeldeutig zu reden und zu argumentieren. Was er ins Haus spricht, ist zu den verräterischen Bewohnern gesprochen, lässt sich einmal aber auch als Äußerung an das ›Gespenst‹ auslegen (515; 516 ist nur an das ›Gespenst‹ gerichtet). Und für Theopropides kann Tranio sein Verhalten und seine Äußerungen so begründen, dass er den Toten reden hören geglaubt habe und jetzt feststelle, Theopropides habe, als er sich vor die Haustür stellte, nach ihm gerufen (519f.). Die Stimme von innen (515) wird so zu einer Stimme von außen, die Angst wird als unbegründet interpretiert.

Schließlich gelingt es Tranio, Theopropides trotz allem Misstrauen zur Flucht zu bewegen. Er stellt fest, dass er eine böse Arbeit hinter sich gebracht hat (*negoti mali* 531).

Die Szene hat viele Wiederholungen und die Textausgabe bringt sie alle getreulich, meidet vorgeschlagene Streichungen und übernimmt Ergänzungen. Sie ermöglicht damit eine leichte Textarbeit und lässt bei Wiederholungen bestimmter Partien auch Schüler mit schwächeren Leistungen zum Zug kommen. Die unterrichtliche Behandlung der Abschnitte 479–496 und 496–521 wird wegen der Wichtigkeit dieser Passagen hier ausführlich dargestellt.

479–496: Die Erschließung, Übersetzung und Interpretation dieses Abschnitts kann mit einer Wiederholung der Verse 460–478 beginnen. Fragen oder andere Arbeitsaufträge führen zur Feststellung, dass Tranio Theopropides unter allen Umständen vom Haus fernhalten will (Wortfelder 460–462 *fugere, pultare, tangere;* 463–465 *occidere, mortalis, omen, metuere, expiare;* 466–469 *abscedere, attingere),* Theopropides aber auf den Tatenbericht dringt (Wortfelder 469–474 *eloqui,* nachwirkend aber noch Tranios Verzögerungstaktik in *circumspicere; 475–478 facere, scelus capitale).*

Dass es nun zum Tatenbericht kommt, ist durch das Wortfeld *facere* und *scelus* hinreichend vorbereitet. Daraus lässt sich der Ausgangspunkt für die folgenden Überlegungen zur Erschließung des Abschnitts 479–496 gewinnen. Man kann die Schüler auch Vorüberlegungen über die zu erwartenden Tempora und Personenkennzeichnungen anstellen lassen und daraus einen Überblick über den Textverlauf erarbeiten, der die nachfolgende Einzelerschließung wesentlich erleichtert und beschleunigt. Folgende Schritte ergeben sich:

Welche Tempora sind in einem Tatenbericht zu erwarten? Die entsprechend textgrammatisch geschulten Schüler werden folgende Antworten geben: a) narratives Perfekt, das normale Erzähltempus, das die einzelnen Etappen eines Berichts bzw. eines Handlungsablaufs markiert; b) vergegenwärtigendes Präsens, das dramatisch eine Szene des Berichts heraushebt; c) Imperfekt, das Hintergrundschilderungen bringt (im Text nicht vorkommend); d) Plusquamperfekt, das vorher Geschehenes später als Ergebnis in den Ablauf des Berichts hereinholt.

Welche Personen sind in einem Bericht zu erwarten? a) Auf jeden Fall die dritte Person (Sg. und Pl.) als Kennzeichen von Berichtetem; b) auch die 1. Person, da zu erwarten ist, dass Tranio auch von seiner eigenen Beteiligung spricht bzw. im Plural von seiner und Philolaches' Beteiligung. Nicht zu erwarten ist die zweite Person, weil sie den Angesprochenen kennzeichnet, und das ist ja Theopropides. Kommt die zweite Person doch vor, so wird es sich voraussichtlich um Anreden und Einwürfe handeln, die Tranio an Theopropides richtet. Sätze in der 2. Person, eventuell auch in der 1. Person, können also von dem Tatenbericht getrennt werden, sie bilden den Dialogstrang, während Passagen in der 3. und in der 1. Person den Erzählstrang bilden.

Nach diesen Vorüberlegungen fällt es leicht, die beiden Stränge zu trennen. Wir betrachten zunächst die Einwürfe und gehen dazu den Text durch, achten auf die 2. Person. Die gefundenen Passagen lassen sich leicht übersetzen oder grammatisch und inhaltlich analysieren: 481: Rückfrage des Theopropides; 483: Frage des Theopropides an Tranio unter Einschluss des Philolaches (Endung *-mini),* dabei Wiederaufnahme von *factum* und – in *id* – des bis dahin gegebenen Berichts, *id factum* lässt sich als A.c.i. syntaktisch in den Satz einordnen; 484: *ego dicam* ist als Ankündigung Tranios, *ausculta* als Aufforderung an Theopropides zu erkennen; 489: Rückfragen des Theopropides, die der Präzisierung der vorigen Verweisform *ille* (488) dienen, und Aufforderung Tranios *St! Ausculta modo!,* die sich als verstärkte Wiederholung der vorigen Aufforderung *ausculta* (484) leicht erkennen lässt; 491: erneute Rückfrage des Theopropides und erneute, wiederum verstärkte Aufforderung Tranios *sed ausculta modo;* 493–496: wieder Rückfrage des Theopropides, der sich ein frecher Kommentar Tranios anschließt *(interdum inepte stultus es),* sodass Theopropides endlich Tranio reden lässt *(taceo),* woran sich ein längerer Redeabschnitt Tranios anschließt (496–505). Die Schüler erkennen, dass Theopropides kritische Rückfragen stellt und Tranio diese erst abweist, dann sogar höhnisch kontert. Die Steigerung *ausculta, ausculta* *modo, sed ausculta modo* lässt sich meist mundartlich gut nachahmen (z.B. hessisch: »Hör zu!«, »Horch' doch zu!«, »Ei, horch' doch endlich zu!«).

Nun muss der *Inhalt des Tatenberichts* selbst erschlossen werden. Dazu wird an die Erwartung von 3. und 1. Person erinnert und nunmehr nach der weiteren Erschließungstechnik gefragt. Die Schüler werden das Beobachten von Wortfeldern und die besondere Konzentration auf die Prädikate nennen, weil sie ja erstens ohnehin die Satzkerne darstellen, zweitens aber nach dem Wortfeld *facere* am ehesten dessen Ausführung und Spezifizierung erwarten lassen. Die Prädikate aller Haupt- und Gliedsätze werden nun festgestellt und jeweils unterstrichen, grammatisch und inhaltlich besprochen und gleich mit den notwendigen Ergänzungen aus dem Text versehen.

Beispiel: *necavit* 479: von *necare* ›töten‹, notwendige Ergänzungen dazu sind *hospes* und *hospitem*, ›Gastgeben‹ und ›Gast‹, zu *hospitem* ist *captum manu* hinzugesetzt, *captum* kommt von *capere, capio, cepi, captum* ›nehmen‹, ›fassen‹, der Gast wurde also erst mit den Hand des Gastgebers gefasst, oder besser: Der Gastgeber hat also den Gast erst mit der Hand festgehalten (oder z. B. an der Kehle gepackt) und dann getötet; in 481 nimmt *iste hospes* wieder auf und wird im *qui*-Satz erläutert, in dem *vendidit* (von *vendere, vendidi, venditum* ›verkaufen‹) steht, das die Ergänzungen *has aedis* und *tibi* hat; der *ut*-Satz bringt einen kommentierenden oder einschränkenden Einschub Tranios im eigenen Namen *(-or), opinor* kommt von *opinari* ›meinen‹, ›glauben‹.

Der Tatenbericht geht nach dem bereits erschlossenen Einwurf *necavit* 481a weiter: *ademit, defodit;* wieder werden die Prädikate geklärt und mit den Ergänzungen versehen; dabei werden auch die Verweisformen *ei* und *eum* inhaltlich gefüllt – sie meinen den Gast und stehen begleitend zu *hospiti, hospitem;* ebenso wie diese starke Betonung und Verdeutlichung lässt sich die dreifache Bezeichnung des Hauses feststellen: *hic* ›hier‹, *ibidem* ›genau hier‹, *in aedibus* ›in deinem Haus‹; die Schüler wissen, dass beide Betonungen erreichen sollen, dass Theopropides keinesfalls das Haus betreten will. Der Tatenbericht geht weiter mit den Prädikaten *cenaverat – rediit – abi(i)mus – condormivimus;* Klärung und Ergänzung folgen den dargestellten Prinzipien, bei *cenaverat* ist die Einbettung durch *ut* und der zeitliche Rückgriff (Plusquamperfekt) zu erarbeiten, bei *rediit* die Einbettung durch *postquam,* das seine eigenen Tempusgesetze hat. Die gesamten Zeilen 484–486 lassen sich als strenge zeitliche Abfolge erkennen. In Vers 487 greift *oblitus eram* auf den Zustand vor *abimus* und *condormivimus* zurück und schildert ein Versehen Tranios. In Vers 488 ist *exclamat* eine szenische Vergegenwärtigung. (Zur Absicherung sei gesagt, dass selbstverständlich – wie immer – auch hier die Form analysiert, die deutsche Wiedergabe bedacht und die Ergänzungen ebenso auf die Prädikate bezogen und inhaltlich geklärt werden.) Im Folgenden erkennen die Schüler als weitere Elemente des Tatenberichts *ait* in Vers 490 und 492, können diese Form entweder als erzählendes Perfekt oder als szenisches Präsens deuten und darauf die jeweiligen Objekte beziehen, d. h. die beiden Akkusative mit Infinitiv syntaktisch einordnen und inhaltlich deuten. Ebenso ergibt sich aus der Setzung und Wiederholung von *ait* sofort, dass sich Tranio in seiner Erzählung von Philolaches distanziert (wozu ja die indirekte Wiedergabe bzw. die indirekte Rede dient). Die Verse 494–495 sind schließlich eher kleinschrittig linear zu erarbeiten: *mirum* ist als verkürzter Hauptsatz (sc. *est*), das Ganze als Frage zu erkennen; der *quin*-Satz ist als Subjekt(-satz) zu erkennen, als Subjekt zu *diceret* der Ermordete, der Dativ *vigilanti* als Dativ-Ergänzung zu *diceret* und als Umschreibung für »einen Wachenden« oder als bezogen auf Philolaches (»zu ihm im Wachen«); der *qui*-Satz ist schließlich als Erläuterung zu *–t* in *dicere-t* und als Begründung (Konjunktiv) des *quin*-Satzes bzw. der gesamten Zeile 493 zu erkennen.

496–521: Die Erschließung, Übersetzung und Interpretation dieses Abschnitts kann mit einer Wiederholung zu Wortschatz und Inhalt des vorigen Abschnitts beginnen. Es handelte sich um einen Tatenbericht, in dessen Rahmen die Wörter *auscultare, tacere, dicere, eloqui* eine Rolle spielten und dessen Inhalt war: Sklave und Sohn *(gnatus),* Essen, Wachen und Schlafen *(cenare, cena, redire, abire, cubare, condormire, lucernam exstinguere, somnus, exclamare, vigilare),* die Erscheinung eines Toten *(mortuus)* und der Bericht über Verbrechen *(hospes, aedes, vendere; necare, aurum adimere, defodere, scelus facere).*
Vorüberlegungen müssen nunmehr die Ziele Tranios, die drohende Gefahr der Entdeckung, die Gesprächssituation am Beginn der Szene, die Einbettung des Berichts des Toten (497–504) deutlich machen und ein Verständnis dafür anbahnen, dass sich vielfältige Dialog- und Kommunikationsstränge ergeben können. Damit ist das Verständnis des Aufbaus der Scheinwelt und der sich daraus ergebenden Komik verbunden.
Die Erkenntnis der genannten Punkte kann etwa durch die folgenden Fragen und Impulse erarbeitet werden (in Klammern jeweils der Erwartungshorizont); begleitend dazu könnte ein Tafelbild entstehen, wie es auf S. 68 abgedruckt ist.
Was will und muss Tranio erreichen? (Dass Theopropides vom Haus weggeht.)
Warum muss er das erreichen? a) Weil Theopropides sonst den Betrug merkt bzw. die Wahrheit erkennt; b) weil drinnen jederzeit verräterische Geräusche vorkommen können.)
Was hat er bisher gemacht? a) Er hat alles verschlossen und zur Ruhe gemahnt. b) Er hat Theopropides mit verschiedenen Aktionen vom Haus abgelenkt und wegzubringen versucht.)
An welchem Punkt der Aktionen Tranios stehen wir jetzt? (Tranio erzählt Theopropides von der Erscheinung des ›Gespenstes‹, des erfundenen Ermordeten, und will jetzt den Bericht des ›Gespenstes‹ an Philolaches wiedergeben.)
Feststellung: Wir haben also zwei Dialoge:
1. Draußen: Dialog Tranio – Theopropides.
2. Drinnen: Dialog *mortuus* – Philolaches *(gnatus)/servi.*
Beginn der Anlage des Tafelbildes: Anschreiben der Wörter ›Draußen‹, ›Drinnen‹, ›Tranio‹, ›Theopropides‹, ›Philolaches/servi‹, ›mortuus‹ und der Kommunikationspfeile *a* und *b;* der Pfeil *b* wird – worauf Schüler von selbst kommen – anders, z. B. gestrichelt, eingezeichnet als der Pfeil *a,* weil die Kommunikation zwischen dem Toten und Philolaches fiktiv ist.

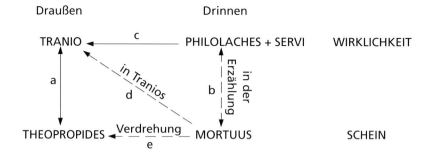

Welche Gefahr besteht immer? (Geräusche im Haus können alles verraten.) Die in den Text gesetzten szenischen Anweisungen können an diesem Punkt überflogen und als gliederndes Element genutzt werden.

Welcher dritte Dialog ist somit möglich? (Ein Dialog zwischen Drinnen und Draußen, zwischen Tranio und Philolaches und anderen im Haus befindlichen Personen.) Der Kommunikationspfeil *c* kann hier bereits eingezeichnet werden, weil die szenischen Anweisungen bereits betrachtet worden sind.

Was müsste in einem solchen Fall Tranio tun, um Theopropides weiterhin vom Haus fernzuhalten? (Er müsste die Stimme von innen als die des *mortuus* erklären und Theopropides damit die Erfindung als Wirklichkeit zeigen.) Jetzt werden die Pfeile *d* und *e* eingezeichnet und die Begriffe ›Wirklichkeit‹ und ›Schein‹ einge-tragen, weil jetzt deutlich ist, dass Theopropides in eine Scheinwelt geschickt wird, die auf einer Verdrehung der Tatsachen beruht.

Feststellung: Wir müssen also bei allem, was Tranio sagt, darauf achten, zu wem er es sagt und wie er es meint, ob er auf die Wirklichkeit eingeht oder die Scheinwelt des Theopropides aufbaut oder verstärkt.

Die Gliederung lässt sich nun leicht finden: a) 496–504; b) 505–521; c) 522–528; d) 529–531.

In diese Gesamterschließung eingebettet oder an sie anschließend können die beiden Abschnitte 496–504 und 505–521 erschlossen werden. Am besten ist die Aufteilung so vorzunehmen, dass eine Unterrichtsstunde der Erschließung der Verse 496–504 und der Gesamterschließung bis 521, eine zweite Stunde der Ein-zelerschließung bis 521 und der Gesamtbetrachtung gewidmet wird. Wenn in diesem Vorschlag in der ersten Gesamterschließung bereits vieles vorweggenom-men wird, so geschieht dies deswegen, weil die Wahrnehmung, wie die Schein-welt entsteht und für komische Wirkungen ausgenutzt wird, für das Verständnis sowohl der Szene als auch weiter Strecken der gesamten Komödie wichtig ist und weil das Vorverständnis die Übersetzung wesentlich erleichtert, die sonst durch Unklarheit über die jeweiligen Gesprächspartner behindert wird. Aber auch an-dere Erschließungsarten können, wenn sie nicht zu langwierig sind, den Witz der Szene nachvollziehbar machen.

Die Einzelerschließung der Verse 496–504 könnte mit einer Frage nach dem Zu-sammenhang beginnen: Der Ermordete erscheint Philolaches im Schlaf und

spricht zu ihm (*venisse* 490, *dixisse* 492). Danach könnte beobachtet werden, wo dieser Zusammenhang in 496 wieder aufgenommen wird: *illi in somnis mortuus*. Eine Vorklärung kann den zu erwartenden Personen gelten: Zu erwarten sind
- in der 1. Person: *mortuus,*
- in der 2. Person: Philolaches,
- in der 3. Person: Besprochenes.

Arbeitsaufträge können dann die Passage weiter zu erschließen helfen: Nenne und unterstreiche die Prädikate, schildere jeweils Person, Tempus und Satzart. – Welche Wörter sind bekannt? – Wodurch fällt die Rede des Gespenstes auf? (Durch kurze Sätze und Wiederholungen oder Umschreibungen wird Nachdrücklichkeit erreicht.)

505–521: Die abschließenden Anführungszeichen in 504 zeigen an, dass Tranio wieder im eigenen Namen spricht. Schon das Druckbild zeigt nun Bewegung, Wechsel der an der Handlung Beteiligten an. Man kann den Abschnitt – zum Teil durch die eingearbeiteten Regieanweisungen erleichtert – nach den Geräuschen und Reaktionen auf diese Geräusche gliedern lassen:
505–514: Tranio spricht etwas, ein Geräusch ertönt und es ergibt sich ein Wort- und Stellungswechsel Tranios und des Theopropides. Es geht dabei um bekannte Forderungen und Inhalte:
eloqui (Thema): nämlich *monstra* (Rhema),
factum est (Thema): danach wird mit *quid* gefragt,
percussit (Thema): nach dem Urheber wird mit *hicin* gefragt,
vivum mortui (Thema): *me arcessunt.*
Wichtig ist die Klärung der Verweisformen bei der linearen Erschließung: *hic* 505: im Haus; *hicin* 508: der eben erwähnte Tote; *illi* 510: die im Haus Befindlichen, Tranio spricht zu sich selbst über sie; *hic* 511: der in der Nähe befindliche Theopropides.
515–521: Man hört eine Stimme aus dem Haus und Tranio reagiert, was Reaktionen des Theopropides bewirkt. Erneuter Wort- und Stellungswechsel. Hier wird man die Abfolge der Sätze Tranios (Satzarten) und die angesprochenen Personen untersuchen:
515b: Tranio spricht zu den im Haus Befindlichen oder zum ›Gespenst‹, Aufforderung als futurische Aussage.
516: Tranio spricht zum ›Gespenst‹, Feststellung für die Vergangenheit.
517: Tranio spricht zu jemandem im Haus, wohl zu einem Sklaven.
518: Aufforderung an das ›Gespenst‹, aus dem Gebet an Neptun (436) bekannt.
519b–521: Frage an Theopropides mit anschließender Feststellung. Theopropides schaltet sich immer fordernder und konkreter ein: *quaeso* (517), *dic ...* (517), *quae res te agitat* (518), *quicum istaec loqueris* (519). Tranio heuchelt Überraschung und entgeht so der Antwort. Ein Übriges tut die erneute Aufforderung zur Flucht (522–528).

Zusammenfassung

Einblick in die Mittel, mit denen ein Sklave seinen Herrn überzeugen kann, in einige Elemente plautinischer Komik und in die Aufgabe des griechischen Ambientes in der römischen Komödie:

angestrebte Unterrichtsergebnisse	methodische Hinweise/ Belege
Theopropides und Tranio unterscheiden sich in ihrer Ausrichtung auf die Götter mehr äußerlich als innerlich.	Theopropides dankt Neptun (431–437), Tranio nutzt dies zum Spott (438f.).
Tranio konfrontiert in grober Verzerrung den Wunsch des Theopropides, erwartet heimzukommen, mit seinem Fluch, er solle lieber tot sein.	440–443
Tranio kann Theopropides durch die Erfindung einer Gespenstergeschichte davon überzeugen, dass er nicht ins Haus gehen darf. Er	
– appelliert dabei an religio und omen-Glauben	475–505
– spielt überzeugend	450–474
– reagiert geschickt auf Einwände und Zwischenfälle	506–528
– spielt den freudig dienenden Sklaven	447–449
– nutzt aber passende Gelegenheiten, den Herrn wegen Begriffsstutzigkeit zu blamieren.	495
Das griechische Ambiente dient dazu, das Geschehen zu verfremden und Spielverhältnisse zu schaffen, die zwar nicht römischen Verhältnissen direkt entsprechen, wohl aber gefahrlos Kritik an diesen Verhältnissen integrieren können (z. B. an der Rigidität und geistigen Enge mancher Herren) und reale Verhältnisse und Möglichkeiten (z. B. geistige Überlegenheit mancher Sklaven) in grob verzerrter Form darzustellen helfen.	450–474 mit Rückgriff auf 20–24. Es ergeben sich so auch Möglichkeiten, nicht Begründbares zu begründen (499f.).

Akt III

Der ereignisreiche dritte Akt besteht aus zwei langen Szenen (III 1, 532– 689 = 157 Verse, III 2, 690–857 = 167 Verse). Im Unterricht wird man sie nicht beide und nicht in voller Länge lesen können. So bietet sich auch hier wieder zweisprachige oder kursorische Lektüre, verbunden mit der Originallektüre von Kernstellen an. Was als Kernstelle angesehen wird, hängt von der jeweiligen Schwerpunktsetzung ab. Sie könnten sich aus den nachfolgenden Hinweisen zu beiden Szenen ergeben oder aus dem Thema der Lektüre (s.o. S. 20f.).

Charakteristika des dritten Aktes sind:

Erstens: In beiden Szenen wird Tranio zu immer neuen Erfindungen getrieben, um sein Lügengespinst, das er (im zweiten Akt) hergestellt hat, zu sichern. Es gelingt ihm, seine Gesprächspartner so zu programmieren, dass sie alle Äußerungen anderer in dem von ihm gewünschten Sinne – meist realitätsfern – verstehen. Während Tranio in der Szene III 1 oft die Entdeckung seiner Lügen nahe glaubt, wird er in der Szene III 2 zunehmend zuversichtlicher, frecher und stolzer.

Zweitens: In beiden Szenen treten typische Figuren mit typischen Verhaltensweisen und Ansichten auf, in Szene III 1 der Geldverleiher, in Szene III 2 der alte Ehemann, der seine Frau leid ist.

Drittens: In beiden Szenen wird der skeptische Theopropides immer weiter in eine Scheinwelt eingesponnen.

Tranio in den Szenen des dritten Akts

In Szene III 1 will der Geldhändler Misargyrides seinen Zins eintreiben und droht, dabei alles aufzudecken. Theopropides darf nicht erfahren, dass Philolaches Geld geliehen hat um eine Hetäre freizukaufen. Also spiegelt ihm Tranio vor, Philolaches habe das Geld zur Anzahlung für ein neues Haus verwendet. Tranio muss dann auf weitere Fragen des Theopropides auch erfinden, dass das gekaufte Haus das des Nachbarn Simo sei, und wird schließlich aufgefordert, eine Besichtigung zu arrangieren.

In der Szene III 2 gelingt es Tranio, sowohl den Nachbarn Simo als auch seinen Herrn Theopropides zu täuschen. Er spiegelt Theopropides vor, weil Frauen im Haus seien und Simo der Verkauf schon reue, müsse die Besichtigung mit besonderer Behutsamkeit und Dezenz erfolgen. Simo spiegelt er vor, Theopropides wolle seinen Sohn verheiraten und einige bauliche Veränderungen in seinem Anwesen vornehmen; dafür suche er in Simos Haus Anregung und Beispiel – das Motiv aus dem Monolog des Philolaches (91–104) wird wieder aufgenommen.[25] Es gelingt Tranio, alle Äußerungen so auszulegen, dass keiner den Betrug merkt.

Tranio zeigt bei jeder neuen Schwierigkeit in der Szene III 1 durch *a-parte*- oder *ad-spectatores*-Bemerkungen, dass er sich verloren glauben muss – um so mehr soll die Schwierigkeit atemberaubend, ihre Überwindung als anerkennenswerte

---

25 Vgl. Leach (Literaturhinweise 3.3).

Leistung wirken. Die Schwierigkeiten zeigt er in den Versen 536, 539f., 544f., 549f., 562–565, 656, 660, 662, 676, 678f., 685 (wie 655). Zum Weitermachen fordert er sich auf in den Versen 545f., 566 und 665f. Zu Verzögerungen rettet er sich in den Versen 553–555 (Paraphrase und Rekurrenz *fatetur – pernegat – negat – negitat – non confitetur),* 641, 661 und 680f.

In der Szene III 2 kommt er sehr bald auf einen rettenden Einfall (714–716), setzt auch Schmeicheleien ein (719f., 743–745); eine Bitte (746) soll Simo einschärfen nichts über Philolaches zu verraten. Tranio kann sodann, da Theopropides und Simo vorher entsprechend »programmiert« worden sind, alle Äußerungen leicht in dem von ihm gewünschten Sinn auslegen (809–814, 821), wobei ihm Simos Ausdrucksweise (zu ihr unten S. 73) hilft. Und er wird immer frecher, ohne dass die Betrogenen es merken, verspottet sie mit der Erfindung des Bildes von der Krähe, die zwei Geier zum Besten hält (832–840).

Frechheit und Spott zeigt er deutlich auch in den Versen 785 und 790–792. Seinen ganzen Stolz zeigt er in den Versen 775–782. Tranio vergleicht sich hier mit Alexander und Agathokles im Kampferfolg, mit Eseltreibern in der Fähigkeit Lasten aufzulegen. Sowohl die Feldherrn als auch die Eseltreiber meint er zu übertreffen. Die Feldherrn nimmt er als Zweigespann und hebt sich von ihnen als glorioser Einzelkämpfer ab (775–777). Die Eseltreiber übertrifft er in der Art seiner ›Tiere‹, er hat Menschen, die williger als Esel beliebig große Lasten auf sich nehmen (778–782).

Typische Figuren im dritten Akt

In Szene III 1 wird der Geldhändler Misargyrides als typischer Vertreter seiner Zunft lächerlich gemacht. Er klagt – wie üblich –, dass die Geschäfte schlecht gehen, niemand wolle etwas leihen (532–535). Er zeigt seinen Geschäftssinn. Die Zinsen sind ihm wichtiger als die Rückerstattung des Kapitals (592) – die häufige Wiederholung des Wortes *fenus* zeigt es (584, 592, 597, 600, 603 [dreimal], 604, 605, von Tranio 605 parodiert). Er kann die Bezahlung nicht abwarten (614). Er akzeptiert sogar Tranios Aufforderung an Theopropides *Iube homini argento os verberari,* »Befiehl, dem Kerl mit Geld das Maul zu verprügeln« (620), mit dem Kommentar *Perfacile ego ictus perpetior argenteos,* »Sehr leicht ertrage ich Schläge aus Geld« (621). Tranio darf ihn ausgiebig beschimpfen und herabsetzen *(belua* 569, *hominum omnium taeterrume* 593, *taetriorem beluam* 607, *impurae beluae* 619, *genus improbissimum* 623; 652; 657); er wird auf die Stufe eines Tieres gestellt. Wie der Parasit, der *Miles gloriosus* und andere trägt er typische Züge und bestätigt Vorurteile.[26]

Aber in einem Punkt bildet er doch eine Ausnahme. Sein Beruf hat im Laufe der Zeit – wie der des Arztes und der des Lehrers, die beide ursprünglich dem Sklavenstand angehörten – eine ungeheure Aufwertung erfahren, der des Bankiers gerade im 19. und 20. Jahrhundert. Dass der Geldverleiher in der Antike (und im

---

26 Vgl. grundsätzlich M. Fuhrmann, Lizenzen und Tabus des Lachens (s. Literaturhinweise 3.3), der allerdings gerade den Wucherer nicht bespricht.

Mittelalter) offiziell so wenig geschätzt wurde, hängt mit der antiken Auffassung vom Beruf, vom Geld und vom Gewinn zusammen, die in der Textausgabe in den Begleittexten zu III 1 kurz dargestellt ist. Wenn die *Mostellaria* in einem späteren Stadium des Lateinunterrichts gelesen wird, ließen sich leicht Vergleiche mit modernen Einschätzungen von Berufen anstellen, eventuell in Zusammenarbeit mit dem Sozialkunde- und Geschichtsunterricht.[27]

In Szene III 2 wird der Ehemann verspottet, der in einer Ehe ohne Zuneigung gealtert ist. Die Ehe war in den Antike ohnehin keine Dokumentation der romantischen Liebe zweier Partner, sondern eine Zweckgemeinschaft, deren Basis Aufgabenteilung, Pflichterfüllung und gegenseitige Achtung waren – was Liebe in unserem Sinn nicht ausschloss.[28]

Dass Simos Äußerungen trotzdem so modern klingen, liegt daran, dass die von ihm geschilderten Erscheinungen und die von ihm gezeigte Haltung aus ähnlichen oder anderen Gründen – die man summarisch als patriarchalische Verhältnisse oder patriarchalische Relikte bezeichnen könnte – auch heute zu beobachten sind: Die Ehefrau versucht ihren Mann durch ein gutes Essen zu verführen. Der Mann flieht aus dem Haus. Schließlich verallgemeinert Simo seinen Fall und deutet an, dass die Heirat einer älteren reichen Frau nicht unüblich war (703). Im Ganzen handelt es sich aber um eine kleinbürgerliche Familie, falls *prandium uxor mihi perbonum dedit*, 692, so zu verstehen ist, dass die Frau das Essen selbst bereitet hat, nicht ein Kochsklave. Damit unterschiede Simo sich vom Nachbarn Theopropides.

Dafür spricht auch, dass sich Simo um eine vornehme Diktion bemüht, die öfters in Umständlichkeit ausartet. Man betrachte die Formulierungen in den folgenden Versen: 690f. (Gleichstellung von Ablativus comparationis und *quod*-Satz); 695 (Hyperbaton *melius*); 696 (abfällig nachgestelltes *anus*); 698 *(clanculum me edidi foras)*; 703 *(atque eam anum)*; 705–707; 709f.; 771 *(praedico* statt *dico)*; 774 (›großspuriger‹ Imperativ II); 815 (Verbindung von auffordernder Frage und imperativischer Formulierung); 820f. (passivisch-breite Formulierung); 844 (die Verwendung des Intensivums *ductare* statt *ducere* führt zu einem schlüpfrigen Missverständnis, das Simo 848 durch eine einfache(re) Formulierung aufklären muss).

Theopropides im dritten Akt

Theopropides wird in den beiden Szenen des dritten Akts einerseits weiter in die Scheinwelt hineinversetzt; er ist jetzt programmiert, Verhalten und Äußerungen

---

27 Vgl. M. von Albrecht: Arbeit, in: Der Kleine Pauly. Lexikon der Antike ... Bearb. und hg. von K. Ziegler/W. Sontheimer, 1. Bd., Stuttgart 1964, Sp. 493 mit weiteren Literaturangaben. Zu derzeitigen modernen Auffassungen finden sich anregende Darstellungen und Übersichten sowie weiterführende Literaturangaben in: Bundesanstalt für Arbeit (Hg.): Handbuch zur Berufswahlvorbereitung, Mannheim 1992 – K. M. Bolte/M. Brater/S. Kudera: Arbeitnehmer in der Industriegesellschaft, Stuttgart 1974; R. Dahrendorf: Gesellschaft und Freiheit, München 1961.

28 Vgl. K. Gaiser: Für und wider die Ehe. Antike Stimmen zu einer offenen Frage. Zusammengestellt und übersetzt, München 1974, bes. S. 24f.

Simos in dem von Tranio gewünschten Sinn zu verstehen – und das heißt misszuverstehen. Andererseits erweist er sich gerade hier als harter Geschäftsmann – und deswegen gönnt das Publikum ihm den Reinfall. In den Versen 638–649 freut er sich über den angeblichen Hauskauf. Er meint, Philolaches entwickle kaufmännischen Sinn und schlage dem Vater nach. In den Versen 796–802 will er auf keinen Fall von der angeblich eingegangenen Verkaufsverpflichtung Simos abgehen, sondern einen Gewinn machen und kein Mitleid mit Simo haben, den angeblich der Verkauf reut. Als bei der Hausbesichtigung Tranio behauptet, Simo könne kaum die Tränen zurückhalten (821) – selbstverständlich zum Vergnügen des Publikums, das den wahren Sachverhalt kennt –, hört Theopropides nicht darauf, sondern fragt nach dem Einkaufspreis für die Türpfeiler und vergisst sogleich seine im Vers 814 versprochene humane Haltung.[29]

Da die beiden Szenen des dritten Aktes nicht in ganzer Ausführlichkeit interpretiert wurden, seien auch hier Zusammenstellungen einiger stilistischer Erscheinungen und – für die beiden Szenen besonders wichtig – witziger und komischer Wirkungen angefügt.
Stilistische Erscheinungen in III 1: Anaphern (581f.; 615–618 *quid,* 625); Epanalepse (625); Parallelismus (595 *non dat, non debet*); Wiederholungen (580–583 *abire domum,* 575–606 *fenus*); bildhafte Ausdrücke, Metaphern (619–621, 688 *senatum*); Allegorie (677).
Stilistische Erscheinungen in III 2: Paronomasie (716 mit Alliteration: *quo dolo a me dolorem procul pellerem,* vielleicht 701 *cenandum / cubandum); Alliteration (730 v, p, 736 p, v); Allegorie (737, 741, 777f.); Vergleich (775); Anapher (777), Sprichwort (791).
Witzige Gestaltungen in III 1 und 2: 555 (Vergleich mit Asyndeton); 571f. (parallele Äußerungen mit Veränderungen); 579f. (Wiederaufnahmen und Paronomasie *redito – reddeturne); 587f.* (Ironie); 626 (Steigerung von *paulum* zu 630 *quattuor quadraginta minae); 652 (Metapher vomitu); 653* (der Geldhändler wendet das *rem habere, ›zu tun haben‹,* sofort in *rem petere, ›Geld verlangen‹,* bedient sich also der Emphase); 667 (Sprichwörtliches, vgl. später Ovid, *Met.* 8, 619 *quicquid superi voluere, peractum est* und Petron 76 *cito fit, quod di volunt); 670–672* (Ambiguität und emphatische Verdrehung von *bona fide); 760–769* (Gegensatz der Schilderungen, die Tranio und Simo von Simos Haus geben); 770 (Doppeldeutigkeit von *umbra/Umbra); 779–782* (Parodie des *primus-inventor-*Gedankens); 818–822 (verschiedene Beurteilung der Türpfosten); 828 (Spiel mit der Bezeichnung *barbarus* – in der Komödie sprechen Griechen, *barbarus* wäre ein Römer); 829f. (Spiel mit dem Wort *dormiunt,* gleichzeitig wohl Anspielung auf Theopropides und Simo); 832–840 (Bildbeschreibung als Anspielung auf den Betrüger Tranio und die Betrogenen Theopropides und Simo; *non videre, non intueri, non conspicere* 833, 836, 839 ist also wörtlich und übertragen zu verstehen); 843–847 (Ambiguität *von perductor* mit schlüpfriger Anspielung und ent-

---

29 Zur poetischen Gerechtigkeit vgl. M. Neumann: Die poetische Gerechtigkeit in der neuen Komödie. Untersuchungen zur Technik des antiken Lustspiels, Speyer 1958.

sprechendem Missverständnis, das 848 aufgeklärt wird); 849–856 (der Wachhund wird beruhigt oder weggeführt; man kann in den Worten Tranios 850f. eine Anspielung auf Simo sehen).

Welche Szene man auch liest, es wird immer auf die Ausführungen zum Hausbau zu achten sein, die nunmehr am konkreten Beispiel zeigen, was Philolaches in Szene I 2 im Vergleich mit der Persönlichkeitsentwicklung gezeigt hat. Theopropides ist gierig auf den Immobilienerwerb, wie es seinem Beruf und seinem Naturell entspricht, aber er verkennt die Qualität des Nachbarhauses, Zeichen seiner Verblendung. Simo flieht vor dem Haus wie vor seiner Frau und seiner eigenen Situation, aber sein Haus ist vernachlässigt wie sein Inneres.

Akt IV

Im vierten Akt entdeckt Theopropides, dass er hintergangen worden ist. Die Reihenfolge der Szenen bietet Schwierigkeiten für moderne Aufführungsvorstellungen, und als Erster hat Camerarius (Joachim Kammermeister) in seiner Baseler Ausgabe von 1552 daher die Szene IV 3 (904–932) umgestellt und nach Vers 857 (als Szene III 3) eingeordnet. Die handschriftlich überlieferte Abfolge der Szenen ist aber sowohl spielbar als auch sinnvoll und spannungserzeugend. In den Szenen IV 1 und IV 2 suchen die beiden Sklaven Phaniscus und Pinacium nach ihrem Herrn Callidamates. Sie kommen zum Haus des Theopropides, weil sie ihn dort abholen sollen, finden aber zu ihrer Verwunderung das Haus verschlossen. Noch einmal wird den Zuschauern der Wechsel von ausgelassenem Feiern zur absoluten Stille vergegenwärtigt, der die Szene II 1 charakterisierte. Erst recht wird ihnen die große Gefahr deutlich, dass jetzt alles herauskommt. Denn Theopropides besichtigt ja gerade Simos Haus und kann jeden Augenblick herauskommen. Tatsächlich kommt er in der Szene IV 3 zusammen mit Tranio aus Simos Haus, freut sich seines vermeintlichen Kaufs und zeigt wieder seinen Geschäftssinn. Dass er nicht schon jetzt die beiden Sklaven des Callidamates bemerkt, hat Anstoß erregt und zu der geschilderten Umstellung der Szene geführt. Würde man dieser Umstellung folgen, so würden Theopropides und Tranio mit Vers 857 im Hause Simos verschwinden, würden aber sofort wieder zurückkommen und über den Kauf sprechen, oder aber es würde eine längere Pause eintreten. Beides ist wenig wahrscheinlich. Das Problem lässt sich leicht lösen. Man muss nur annehmen, dass Phaniscus und Pinacium entweder gestikulierend, einander vieles – auch Unfreundliches – andeutend, vor dem Haus abwarten oder – noch besser – um das Haus des Theopropides herumgehen, um von der Seite oder von hinten nachzusehen, also von der Bühne für eine kurze Zeit verschwinden, in der Theopropides und Tranio ihren Dialog 904–932 sprechen.[30] Der Di-

---

30 Vgl. Collart, Literaturhinweise 1, S. 172.

alog der Szene IV 3 lebt dann gerade davon, dass Theopropides von Tranio regelrecht auf dem höchsten Punkt seiner Verblendung oder Täuschung dem Publikum präsentiert und vor ihm lächerlich gemacht wird (sein Geschäftssinn macht wieder ungehemmtes Lachen möglich), dass Tranio mit seiner Frechheit noch weiter geht und die gelungene Täuschung mit seinen Fragen voll auskostet und dass doch hinter allem nunmehr fast handgreiflich und jede Sekunde möglich die Aufdeckung des wahren Sachverhalts, das Umschlagen von Freude in Wut bei Theopropides, von Stolz und Frechheit in Angst bei Tranio steht. Die Szene IV 4 bringt dann tatsächlich die Entdeckung, wobei der langsame Erkenntnisprozess des Theopropides ausführlich und mit komischer Wirkung dem wissenden Publikum vorgeführt wird.

Die Szene IV 5 bringt Theopropides die endgültige Gewissheit, denn nun bestätigt ihm auch Simo, dass Philolaches keineswegs sein Haus gekauft hat; Theopropides fühlt sich am Boden zerstört und leiht sich von Simo Strafsklaven aus, die Tranio fangen und bestrafen sollen.

Szene IV 1 (858–884)

Der Sklave Phaniscus zeigt in einem an die Zuschauer gerichteten Auftrittsmonolog die Gründe für das Wohlverhalten von Sklaven und für das Funktionieren des Sklavensystems. Der Monolog ist rhetorisch aufgebaut und enthält witzige Formulierungen. Zugleich ist er szenisch nach alter Theatertradition gestaltet: Das Laufen des Sklaven wird auf der Bühne – oft auf der Stelle – fortgesetzt, der Sklave holt vor dem Haus des Theopropides nach, was eigentlich vorher außerhalb der Bühnenszene geschehen ist.

Der Monolog hat vier Teile: 1) 858–865: Gute und schlechte Sklaven. – 2) 866–871: Phaniscus zieht die Nutzanwendung auf sich selbst und stellt sich und seine Mitsklaven als Beispiel für seine Theorie hin. – 3) 872–873: Phaniscus schildert das Wechselverhältnis im Betragen der Sklaven und der Herren. – 4) 874–884: Phaniscus schildert die konkreten Auswirkungen verschiedener Verhaltensweisen im Haushalt des Callidamates.

Phaniscus stellt zunächst gute und schlechte Sklaven einander gegenüber (858–865). Gute Sklaven leben, auch wenn sie sich im Sinne des Herrn verhalten *(cum culpa carent),* dennoch in Angst vor Strafe (858); so sind sie dem Herrn nützlich *(uti(bi)les* 859). Schlechte Sklaven haben keine Angst, lassen sich etwas zuschulden kommen, reagieren dann kopflos, indem sie fliehen, werden aber gefangen und erst recht bestraft (860–865). Sehr komisch verwendet Phaniscus zur Schilderung der Bestrafung das, was ein kleines Stück Eigenrecht der Sklaven ausmacht, nämlich aus Zuwendungen, Belohnungen, Erspartem ein kleines Privatguthaben *(peculium)* zu bilden. Dieses Privatguthaben war das Mittel, die eigene Lebensweise etwas angenehmer zu gestalten und sogar auf einen späteren Freikauf zu hoffen. Aber in der Schilderung des Phaniscus gibt es für ungehorsame Sklaven ein *peculium de malo,* ein Privatguthaben aus Schlechtem, das sich zum großen Vorrat, zum Schatz *(thesaurus)* entwickelt (863–865). Die Metapher ist doppelt treffend, weil sie der Sklavenwelt entnommen ist und die individuelle Schuld an der Strafe und ihre wachsende Größe kennzeichnet. Sehr anschaulich schildert Phaniscus sodann an seinem eigenen Beispiel die Folgen guten und schlechten Verhaltens für die Haut, das ›Fell‹, der Sklaven (866–871) und verwendet dabei Metaphern, die aus der Szene I 2 bekannt sind: *Malum impluit*. Mit *nam* werden zwei erläuternde Bemerkungen angereiht. Zunächst macht Phaniscus in den Versen 872–873 sogar die Sklaven für das Verhalten der Herren verantwortlich, erkennt also Abhängigkeit der Sklaven und Befehlsgewalt der Herren an, stellt das Sklavensystem nicht in Frage, sondern richtet sich herrschaftskonform in ihm ein und gleicht darin Grumio (vgl. besonders 873 mit 27, 871 mit 49/50, 868f. mit 55f., auch 863 mit Tranios Bemerkung 37). Schließlich schildert er die Situation in seinem Haus, wo kein Sklave seiner Pflicht habe genügen wollen außer ihm und diese nun Strafe zu erwarten hätten (874–884). Dabei werden Motive der vorigen Abschnitte der Szene geschickt variiert, das *peculium*-Motiv in Vers 875, das *corium*-Motiv (868) in den Versen 882–884.

Die Szene IV 1 kann somit als kritischer Kommentar zu den Szenen I 1 und II 1 dienen. Charakterkurven der beiden Sklaven können mit denen Tranios und Grumios verglichen werden (vgl. S. 26 und 29).

Die Verse 858–871 sind als Klassenarbeitstext bei Lektüre in höheren Klassen geeignet. Zwar ist der Text grammatikalisch nicht schwierig, er fordert aber durch einige Sprünge von konkreter Schilderung in metaphorischer Darstellung den Schülern einige inhaltliche Kombinationsfähigkeit ab.

Zusammenfassung

Einblick in Gründe für das Funktionieren des römischen Sklavensystems

angestrebte Unterrichtsergebnisse	methodische Hinweise/Belege
Der Sklave Phaniscus zeigt Gründe für Wohlverhalten von Sklaven und für das Funktionieren des Sklavensystems.	Die Szene kann als kritischer Kommentar zu den Szenen I 1 und II 2 dienen; vgl. insbesondere 858–860: *utibiles.*

Szene IV 2 (885–903)

Die Szene nimmt Motive der Szene I 1 wieder auf: Konkurrenz der Sklaven, Egoismus, gegenseitige Beschimpfung, hier insbesondere den Vorwurf sexueller Willfährigkeit gegenüber dem Herrn (890/894), den Grumio Tranio in verallgemeinerter Form gemacht hatte (15 *deliciae populi,* vgl. 42f.). Die Lektüre lohnt dann, wenn die Sklaventhematik stärker berücksichtigt und durch Vergleich mit Szene I 1 vertieft werden soll. Man sieht auf jeden Fall, dass Phaniscus mit seiner Selbstbelobigung in der vorigen Szene übertrieben hat.

Szene IV 3 (904–932)

Die Szene, deren sinnvolle Stellung und wichtige Aufgabe bereits (oben S. 75f.) beschrieben worden sind, sollte nach Möglichkeit bei der Lektüre berücksichtigt und im Original gelesen werden. Eine Alternative bildet die Lektüre der Szene IV 4.

Der erste Teil (904–918) lebt von der Freude des Theopropides über den vorteilhaften Kauf, den Fragen Tranios, wie Theopropides die Einzelheiten des Hauses beurteile, und den Hinweisen auf seine Verdienste. Das Vokabular ist zum Teil aus den Szenen II 1 und III 2 bekannt. Leicht lässt sich in den Versen 904–909 die Struktur ›Frage – Antwort‹ erkennen, dann der Wechsel zu Aussagen beider Gesprächspartner (910–918). Mit Vers 919 beginnt ein neues Thema, die endgültige Bezahlung und das eingefleischte Misstrauen des Theopropides gegenüber der Zuverlässigkeit des Sklaven. Mit Vers 929 wird der Abgang Tranios motiviert.

So, wie sich die Szene III 2 (etwa ab 749) zur Wiederholung von Ablativfunktionen eignet, so lassen sich in der Szene IV 3 ebenfalls Ablativfunktionen, außerdem Genitivfunktionen einüben oder wiederholen (Ablativfunktionen: 905 *nimio*, 909 *in publico, hac*, 910 *in publico*, 913 *pro istis*, 915 *istoc mercimonio*, 916 Ablativ mit Prädikativum, 917 *fenore, ab danista*, 919 *nummo*, 923 *ioculo, dicto aut facto*, 924 *abs te*, 928 *abs te, tecum*, 930 *curriculo*, (931 *illac*); Genitivfunktionen: 904 *mercimoni*, 908 *cuiusmodi*, 911 *omnium*, 912 *mercimoni lepidi*, 913 *argenti*, 925 *verborum*).

Die Freude, ein ›Schnäppchen‹, wie es in der Kaufmanns- und Maklersprache heißt, gemacht zu haben, schlägt bei Theopropides voll durch und wirkt umso erheiternder, als das Publikum das Gegenteil weiß.

Zusammenfassung

Einblick in Geschäftssinn und Vorsicht des römischen *dominus* und in die Technik, komische Effekte durch die Konfrontation der Scheinwelt einer Dramenfigur mit dem größeren Wissen der Zuschauer zu erzeugen:

angestrebte Unterrichtsergebnisse	methodische Hinweise/Belege
Auf dem Höhepunkt der Täuschung des Theopropides	
– zeigt dieser seine Zufriedenheit mit dem angeblichen Hauskauf	904–909
– und seinen Geschäftssinn	912–914, 919
– und rühmt seine Vorsicht.	924, 926f.
Tranio zeigt – für das Publikum mit parodistischer Wirkung –	
– seine und des Philolaches Arbeit im Sinne des *dominus,*	910f.

– seine Beratertätigkeit.	916–918
Das Publikum und stellvertretend der intrigierende Sklave kosten bewusst die Täuschung des Herrn aus.	Der Sklave stellt eigens provozierende Fragen, damit die Täuschung des Herrn in dessen Antworten deutlich wird.

Szene IV 4 (933–992)

Die schöne Szene IV 4 wird man aus Zeitgründen wahrscheinlich nur alternativ zur Szene IV 3 im Original lesen können oder kursorisch; eine Hilfe ist es, dass vieles vom Vokabular aus den Szenen I 1–2 bekannt ist. Theopropides und die Sklaven des Callidamates – sie kennen sich nicht, wie schon die Anreden *pueri* 939 und *senex* 940 zeigen – kommen ins Gespräch. Schon hier finden sich witzige Variationen des Hauskaufmotivs:[31]

Als sich Theopropides als Eigentümer seines Hauses bezeichnet (943), fragen die Sklaven, ob denn Philolaches das Haus verkauft habe (943f.). Theopropides, von Tranio ganz auf seine Scheinwelt programmiert, fällt es schwer, in die Realität zurückzufinden. Er fragt ungläubig nach Dingen, die den Sklaven selbstverständlich sind; sie sind auch dem Publikum längst geläufig, und dieses kann sich daher am ungläubigen Staunen des Theopropides ebenso weiden. Die Schwierigkeit, in die Realität zu finden, und das ungläubige Staunen zeigen sich in vielerlei Erscheinungen:

- stetes Nachfragen (946/948, 955, 973, 974a, 974b, 975–977);
- Präzisieren von Aussagen (961);
- Erzählen der falschen, von Tranio gegebenen Informationen und Beharren darauf (949, 951, 956) oder Rückfragen danach (977, 978);
- Einschätzung des Gesprächspartners als dumm, nichtwissend oder frech (947, 965–967, 968);
- beschwörender Appell an das Gute im Gesprächspartner, woraus auch die Bestätigung der eigenen falschen Vorstellungen erwachsen soll (949);
- Festhalten an Zweifeln auch nach Entdeckung der Wahrheit (987).

Witzige Überraschungen, Steigerungen und Umkehrungen sowie der Spott der Sklaven über Theopropides gestalten noch über die aufgezählten Schwierigkeiten des Theopropides hinaus den Abschnitt belustigend. Schließlich bedauern die Sklaven und Theopropides zusammen Theopropides, nachdem dieser die Wahrheit erkannt hat (979–983).

---

31 Vgl. E. W. Leach (Literaturhinweise 3.3).

Szene IV 5 (993–1040)

Die Szene IV 5 dient dazu, noch einmal das Erkennen der Wahrheit vorzuführen. Jetzt ist Simo der Gesprächspartner des Theopropides. Das Jammern des Theopropides und einige Kalauer leiten die Szene ein. Theopropides verwendet zur Kennzeichnung seiner Verzweiflung das Bild von der See- und Irrfahrt, die mit völliger Orientierungslosigkeit (996) endet. Er schließt damit an die See- und Schifffahrtsmetaphern der Verse 737, 740, 918 und an Tranios Alexandervergleich in 775 an.

Simo zeigt sein bekanntes Verhalten: Ichbezogenheit, Desinteresse an anderen, öfters umständliche oder hochgestochene Ausdrucksweise (z. B. 998 *incedo*, 1004). Sodann kommt Theopropides zur Sache (1010–1029), und er erkennt endgültig, dass ihn Tranio betrogen hat (1030–1035). Simo hingegen fragt scheinheilig oder naiv: *num quid Tranio turbavit* (1031f). Die genaue Erklärung spart sich Theopropides für ›drinnen‹ auf (1039f.), womit eine Wiederholung vermieden wird; statt dessen steigert er das *quid turbavit* zu *exturbavit omnia* (1032), beklagt, wie ihn Tranio hereingelegt hat, und bittet Simo um Strafsklaven. Simo leiht sie ihm gern.

Akt V

Der fünfte Akt bringt als dramatischen Höhepunkt die Verfolgung und Rettung Tranios. Es ist der kürzeste Akt, wie die Übersicht zeigt:

Akt I, 1–347 = 347 Verse
Akt II, 348–531 = 184 Verse
Akt III, 532–857 = 326 Verse
Akt IV, 858–1040 = 183 Verse
Akt V, 1041–1181 = 141 Verse.

Der Schlusswirbel geht schnell und mit einem Wechsel von Argumentation und handfestem Trubel über die Bühne.

Szene V 1 (1041–1063)

In der Szene zeigt Tranio weiterhin seine Unerschrockenheit und trägt mit Feldzugvokabeln für den Zuschauer notwendige Informationen nach: Er hat die jungen Leute heimlich durch den Hinterausgang aus dem Haus geführt, sodass sie nichts verraten konnten. Er zeigt aber auch, dass er sich nun von den jungen Herren, denen er geholfen hat, allein gelassen fühlt. Sie haben ihn aus einer Beratung ausgeschlossen. Den Grund für diesen Ausschluss deutet er misstrauisch falsch. Er vermutet wohl, dass nun alle Schuld bei ihm hängen bleiben solle und sich die jungen Leute auf seine Kosten mit dem Vater versöhnen wollen. Mit politischen Vokabeln (ab Vers 1049) stellt er dar, dass er dem zuvorkommen und sich selbst mit Theopropides gut stellen will. Im politischen Vokabular ist vielleicht sogar eine Anspielung auf Politiker zu sehen, die wechselnde Koalitionen oder Bündnisse eingehen und dabei nicht normen-, sondern interessen- und erfolgsgeleitet sind (1050–1055). Bei Tranio ist das Fehlen der persönlichen oder moralischen Bindung wohl aus seiner Enttäuschung und aus schlechten Erfahrungen erklärbar. Insofern bietet sich der Vergleich mit Scapha in der Szene I 3 an. Grundsätzlich sind in der römischen Gesellschaft die Bindungen innerhalb eines Standes größer als die zwischen Mitgliedern verschiedener Stände. Später (1122–1127) stellt sich auch heraus, dass die Jungen das Familienband wahren und deswegen um Verzeihung bitten wollen; aber Callidamates kümmert sich dann durchaus auch um Tranio.

Der Monolog Tranios (1041–1063) kann so erschlossen werden: Die Schüler machen sich die wichtigsten Beobachtungskriterien klar: semantische Schwerpunkte, gliedernde Wörter, Personen-, Tempus-, Modus-, Diathesenverwendung. Die Gesichtspunkte werden nebeneinander an die Tafel geschrieben. Dann werden Thema, Personen und Tempus im ersten Satz festgestellt: Angst, Gefahr; 3. Person, also allgemeine Formulierung; Futur, also für später geltend.

Impulse für die weitere Erschließung können sein (in Klammern wieder der ›Erwartungshorizont‹):

Was bringt der nächste Satz? (Eine Erläuterung, wie *nam* zeigt.)

In welcher Form, mit welchen Tempora? (Als Erzählung im Perfekt.)

Welches sind die beteiligten Personen? (erus, me, filium, omnem legionem ...)

Bis wohin finden sich Vergangenheitstempora? (Im Vers 1050 erfolgt der Übergang in eine ›Szene‹ (*quoniam evocavi* noch Vergangenheit, *segregant* vergegenwärtigend und noch jetzt geltend); 1051 schildert im Präsens den Jetzt-Ist-Zustand.)

Von Vers 1051 an werden beobachtet: Gliederung, Wiederaufnahmen und Personen: 1051: Ausgangspunkt, *ego;* 1052f.: Thema ›Angst‹, ›Schwierigkeit‹, Personen *ego* und *alii;* 1054f.: Erläuterung *nam,* Personen *ego* und *senem;* 1060: Futur, also Ankündigung.

Zusammenfassung

Einblick in das Misstrauen von Sklaven:

angestrebte Unterrichtsergebnisse	methodische Hinweise/Belege
Tranio zeigt, dass er sich im Notfall auch von den jungen Herren, denen er geholfen und gedient hat, allein gelassen fühlt. Der schlaue Sklave erscheint als ›Wesen‹ ohne feste persönliche und moralische Bindungen.	1050–1061. Der Grund für den Ausschluss aus der Beratung der jungen Leute wird von Tranio misstrauisch fehlgedeutet. Es stellt sich später heraus (1122–1127), dass die Jungen um Verzeihung bitten, das Familienband wahren wollen.

Szene V 2 (1064–1121)

Die Szene V 2 ist durch die Anwesenheit kräftiger, gefährlich aussehender Strafsklaven *(lorarii)* im Hintergrund und durch den mehrmals wütend agierenden Theopropides turbulent, durch witzige Wortwechsel auch ein ästhetisches Vergnügen. Sie gliedert sich in drei Abschnitte (1064–1074a, 1074b–1107, 1108–1121).

Im ersten Abschnitt (1064–1074a) kündigen Theopropides und Tranio getrennt ihr Vorgehen an. Theopropides will sich unwissend stellen, Tranio von sich aus die Initiative ergreifen (1074).

Im zweiten Abschnitt (1074b–1107) setzen Theopropides und Tranio mit ihrem Gespräch so ein, als wüsste Theopropides nicht, dass ihn Tranio betrogen hat, und als wüsste Tranio nicht, dass Theopropides dies weiß. Tranio wechselt während des Berichts des Theopropides zwischen gespieltem Erstaunen (1083) und forschem Bekräftigen (1093). Die Thematik – Simo bestreite, je Geld bekommen zu haben – führt fast zwangsläufig auf die Frage, ob man gerichtlich gegen ihn vorgehen solle, und darauf, dass Simo seine Sklaven zum Verhör stelle. Dieses Verhör will nun Theopropides sofort selbst vornehmen und nicht den Behörden überlassen – die Szene wird fantastisch und immer realitätsferner. Tranio weiß sehr wohl, dass dies nur ein Vorwand ist die Strafsklaven herauszuholen, ohne dass er sofort flieht. Er setzt sich auf den Straßenaltar und nimmt damit Theopropides vorerst jede Zugriffsmöglichkeit. Theopropides gegenüber begründet er dies damit, er wolle den Altar besetzen, damit sich keiner der zu verhörenden Sklaven zu ihm flüchten könne. Gleich zweimal formuliert er dies (1059f.) und entwickelt damit eine vertrackte Ironie. Denn, was er sagt, ist nicht ernst gemeint, aber es gilt für ihn: Er findet Schutz und macht damit Theopropides zwar nicht die Untersuchung an sich, wohl aber Gewaltanwendung unmöglich. Im anschließenden Wortwechsel geht es darum, dass Theopropides Tranio auf jeden Fall vom Altar wegbekommen will, Tranio aber auf kein Argument eingeht. Diese Argumente des Theopropides sind teils weit hergeholt (1098f.), teils vage (1102). Der Wortwechsel mündet in ein höchst komisches Einander-ins-Auge-Sehen mit der Feststellung Tranios: *mali, hercle, ambo sumus* (1107). (Eine ähnliche Szene in dem Film ›Exodus‹: Ein englischer Offizier äußert: »Einen Juden erkenne ich schon an den Augen«. Darauf ein sich als englischer Offizier ausgebender Judenführer: »Schau'n Sie mir doch mal ins Auge, mir ist etwas hineingeflogen.« Der andere Offizier nach eingehender Prüfung des Auges: »Ich sehe nichts.«)

Im dritten Abschnitt (1108–1121) rückt nun Theopropides wütend mit seiner Empörung darüber heraus, dass Tranio ihn hintergangen hat. Tranio kontert mit frechen Witzen. An Abschnitt 1109–1119 kann man regelrecht Techniken des Witzes studieren und dazu Cicero, de oratore 2, 116–289 in Auswahl heranziehen.[32] Folgende Techniken zeigen sich:

---

32 Vgl. Verf.: Redekunst – Lebenskunst. Ein Rhetorikkurs im Lateinunterricht, Göttingen 1980 (Exempla, Heft 2) S. 37–44, dazu Consilia, Heft 2, S. 31–33.

a) Wörtlichnehmen eines metaphorischen Ausdrucks: *me emunxisti: num mucci fluunt?* (1109).

b) Bewusstes Missverstehen: *cuiusmodi reliqui ... filium? Cum pedibus, manibus ...* (1117f.).

c) Ironisches Ausweichen auf ein anderes Gebiet und Antworten auf eine harte Drohung mit understatement (1114–1115, vgl. Cicero, *de oratore* 2, 269 und 272).

d) Einbettung eines Ausdrucks in einen anderen Zusammenhang: *male facta repperi ... exradicitus: numquam exradicitus desistam tibi* (1111–1113; das überlieferte *invitus* habe ich versuchsweise durch *exradicitus* ersetzt, *invitus* scheint mir keinen Sinn zu ergeben).

e) Schließlich kommt es zu dem mehreren Kategorien angehörigen Schlusswitz des Abschnitts *aliud te rogo: aliud ergo nunc tibi respondeo.* Das Wort *aliud* wird hier in einen anderen Satz eingebettet und insofern ist *ergo* zu Recht gesetzt. Theopropides fragte nach »anderem« und folglich hat ihm Tranio »anderes« geantwortet. Dieses Zusammenpassen liegt aber nur im Wort und ist scheinbar. *Aliud* ist eine Verweisform, und in dem, was jeweils damit gemeint ist, unterscheiden sich die Sätze Tranios und des Theopropides. In der Sache verbindet *ergo* zwei völlig zusammenhanglose Dinge.

Das Tafelbild zu diesem Abschnitt stammt von Hans-Joachim Müller, Budenheim:

	Theopropides	Tranio	Spott durch
1109	me *emunxisti*	num *mucci* fluunt	Wörtlichnehmen
1112	male facta repperi *exradicitus*	numquam *exradicitus* desistam	Wort in anderem Zusammenhang
1114	iubeo *ignem* circumdari	*elixus* esse quam *assus* suavior	Verbiegen von Argumenten
1116	*exempla faciam*	*exemplum expetis*	bewusstes Missverstehen
1117	*cuiusmodi* filium reliqui	*cum* pedibus, manibus	bewusstes Missverstehen
1119	*aliud* rogo	*aliud* respondeo	Einbettung in anderen Zusammenhang

Zusammenfassung

Einblick in einige weitere Elemente des Sklavenlebens und der römischen Gesellschaft, Einblick in eine Technik des Witzes:

angestrebte Unterrichtsergebnisse	methodische Hinweise/Belege
Tranio und Theopropides wissen beide, was der jeweils andere vorhat, suchen dies zu umgehen oder zu verhindern und gehen auf die Scheinargumente des anderen ein.	1064–1094
Der *dominus* hat die Macht, ist aber an die *religio* gebunden. Er sucht, sie zu umgehen und will den Sklaven aus seinem religiös geschützten Bereich herauslocken.	1095–1107
Als Eigentum ihres Herrn können Sklaven als gerichtliches Beweismittel dienen, wenn sie trotz Folterung nicht gegen ihren Herrn aussagen. Dies gilt als Beweis der Unschuld des Herrn.	1092
Durch bewusstes Wörtlichnehmen und Missverstehen entstehen witzige Wirkungen.	1108–1110, 1117f.; vgl. Cicero, de oratore 2, 275–277

Szene V 3 (1122–1181)

Die Schlussszene gliedert sich in den Auftrittsmonolog des Callidamates (1122–1127), erste freundliche Worte zwischen Callidamates und Theopropides (1128–1134), die Überleitung zur schiedsrichterlichen Verhandlung (1135–1137), die schiedsrichterliche Auseinandersetzung mit Entschuldigung und Verzeihung (1138–1180) und die Schlussanrede an die Zuschauer (1181).

Der Auftrittsmonolog des Callidamates begründet, warum dieser kommt: Philolaches schämt sich und Callidamates übernimmt kameradschaftlich die Vermittlung. Die Ausdrücke *orator* (1126) und *a patre eius conciliarem pacem* (1127) zeigen, dass es tatsächlich um die schwierige Wiederherstellung eines Vertragsverhältnisses zwischen Vater und Sohn geht und ganz römisch gedacht wird. Gleichzeitig erweist sich Philolaches wie in Szene I 2 als Junge mit Gewissen und Schamgefühl. Dass er dies in den Versen 139f. und 149 bei sich vermisst hatte, hatte ja schon gerade das Gegenteil bewiesen.

Der erste Wortwechsel mit Theopropides erweist Callidamates als selbstständig und urban handelnden jungen Mann. Tranio ist dabei von nicht zu überbietender Frechheit, die Theopropides richtig als Spott auslegt.

Die Überleitung in den Versen 1135–1137 füllt das Schweigen des Theopropides (1134) aus und provoziert dann dessen Anklage.

Die schiedsrichterliche Verhandlung hat mehrere Teile:

1139–1166: Die Klage *filium corrupisse* (1138) wird für den Sohn entkräftet, Callidamates setzt sich in einer geschickten Rede für ihn ein, zeigt, dass Philolaches bereut; Theopropides gewährt sodann Verzeihung.

Zunächst spricht Theopropides den Klagepunkt aus: *filium corrupisse aio te meum* (1138).

Tranio gibt Folgendes zu: *peccavisse, amicam liberasse, argentum sumpsisse;* dabei vermeidet er, das handelnde Subjekt (im A.c.i., *me* oder *filium* oder *nos)* zu nennen, ebenfalls in der passivischen Formulierung *id esse absumptum.* Tranio rechtfertigt, was geschehen ist, mit der üblichen Lebensweise junger adliger Leute, ein deutlicher Hinweis ins Publikum (1141).

In einem Zwischenspiel hebt Theopropides die Redegewalt Tranios hervor (1142), will Callidamates zu einem Schiedsspruch kommen, vermutet Tranio eine Falle und verlangt Garantien, kann Theopropides nicht von seiner Wut und seinen Rachegelüsten ablassen und muss scharfen, schadenfrohen Spott Tranios einstecken, der ihm mangelnde Vorsicht trotz seines Alters vorwirft (1148) und ihn für komödienreif erklärt (1149–1152) – Theateranspielung im Theater.

Callidamates hält seine Entschuldigungsrede für Philolaches. Die Rede – mit der Antwort des Theopropides (also insgesamt die Verse 1154–1166a) als Klassenarbeitstext geeignet – ist geschickt aufgebaut:

1153–1155a: Callidamates begründet sein Erscheinen mit der Freundschaft mit Philolaches und mit dessen Bitte und nennt dabei gleich die alte Bekanntschaft zwischen ihm und Theopropides *(scis* 1154).1155b–1156: Er stimmt Theopropides durch die sofortige Erwähnung von Reue und Scham mild, wobei die Tat selbst nur umschrieben, nicht mehr konkret benannt wird.

1156b–1158: Er bittet um Verzeihung und nennt als Gründe, die dafür sprechen, erst Jugend und Dummheit, dann dass Philolaches eben der Sohn des Theopropides ist. Die Erwähnung der Reue und die davor gesetzte Nennung von *stultitia* und *adulescentia* helfen eine falsche Reaktion (Empörung) auf das *tuus est* zu vermeiden. Die Jugend wird zur Absicherung gleich noch einmal erwähnt und die Handlungsweise des Philolaches jetzt schon als etwas Natürliches und Entschuldbares hingestellt, das die guten – natürlich von Theopropides stammenden – Anlagen gar nicht betrifft.

1159: Die Verallgemeinerung *illam aetatem* (1158) führt auf die Kameraden des Philolaches. Ihnen wird erst eine Mitschuld *(nobiscum),* dann unzulässig die ganze Schuld gegeben *(nos deliquimus).* Theopropides kann an das Gute in seinem Sohn glauben.

1160–1161: Schließlich wird Wiedergutmachung des materiellen Schadens versprochen. Nach der moralischen kommt die materielle Wiedergutmachung, die zwar wichtiger, aber ohne die moralische Wegbereitung nicht eingeleitet werden kann.

Alliterationen *(p* 1155, *sc* 1156, *s* 1158), eine Figura etymologica *(ludo ludere* 1158), eine Anapher (1161) und eine Epimone (1161) gestalten die Rede nachdrücklich.

Theopropides reagiert erfreut. Seine väterliche Autorität ist anerkannt, und in der Reue über Geldausgaben sieht er Reife – so, wie er sich einst über den angeblichen selbstständigen Hauskauf gefreut hatte (638f.). Dies schlägt in die widersinnige Äußerung um, die Philolaches weitere Ausgaben erlaubt (1164f.):

Immo me praesente amato, bibito, facito, quod lubet:
Si hoc pudet, fecisse sumptum, supplici habeo satis.

»Er soll sogar vor meinen Augen lieben, trinken, machen, was er will:
Wenn ihn nur das reut, Ausgaben gemacht zu haben, reicht mir das als Strafe.«

Tranio und Callidamates wollen nun Theopropides dazu bringen, auch Tranio zu verzeihen. Theopropides bleibt zunächst bei seiner Rachehaltung, die in Vers 1171 mit der Alliteration *pro suis factis pessumis pessum premam* eindrücklich und wohl auch mit Situationskomik (gestisch dargestellt) formuliert wird. Mehrmaliges Bitten des Callidamates nützt nichts. Erst Tranio selbst kann ein wirkungsvolles Argument bringen (1178f.):

Quid gravaris? Quasi non cras iam commeream aliam noxiam!
Ibi utrumque, et hoc et illud, poteris ulcisci probe.

»Was stemmst du dich dagegen? Als ob ich nicht schon morgen eine andere Schuld auf mich lüde!
Dann kannst du beides, das eine und das andere, tüchtig bestrafen.«

Damit wird in den Augen des Theopropides die Strafe zwar aufgeschoben, aber nicht unbedingt – trotz Vers 1180 *(abi impune)* – für immer aufgehoben. Als daher Callidamates erneut bittet (1180), lässt Theopropides Tranio straffrei. Gleichzeitig macht Tranio mit seiner Argumentation deutlich, dass sein Verhalten und das gesamte Komödiengeschehen ein Ausschnitt aus einer dauernden Problematik des Gegensatzes Herr–Sklave und von moralischen Normen und individuellem Denken und Verhalten sind. Damit geht das Komödiengeschehen in die Realität der Zuschauer über, die Komödienhandlung geht zu Ende, die dahinter stehenden Probleme bestehen weiter. Entsprechend tritt Theopropides aus seiner Rolle heraus und fordert als Schauspieler das Publikum zum Beifall auf (1181).

Zusammenfassung

Einblick in den Spielcharakter der *Mostellaria* und in ihr Verhältnis zur Wirklichkeit:

angestrebte Unterrichtsergebnisse	methodische Hinweise/ Belege
Callidamates erreicht Verzeihung für Philolaches durch Hinweis auf dessen Reue. Der in der *manus* des Herrn Befindliche muss seine Rückkehr zu dessen Maßstäben zeigen.	1155–1161
Theopropides verzeiht vor allem deswegen, weil die Reue des Sohnes auch dem wirtschaftlichen Verlust gilt. Alle anderen Dinge erscheinen dem Vater weniger wichtig, wenn nur die wirtschaftliche Haushaltsführung fester Bestandteil der Haltung seines Sohnes wird.	1162–1166
Tranio macht klar, dass viele Jungen seines Standes leben und handeln wie Philolaches.	1141
Tranio bleibt auch bei der Bitte um Verzeihung frech. Er macht deutlich, dass sein Verhalten und das gesamte Geschehen ein Ausschnitt aus einer dauernden Problematik des Gegensatzes Herr/Sklave und individuelles Denken/moralische Normen sind. Das Komödiengeschehen geht zu Ende und seine Probleme sind gelöst, die dahinter stehenden Probleme des realen Lebens sind es nicht.	1170f. Tranio sagt, er werde schon am nächsten Tag etwas anstellen, wofür er – doppelt – bestraft werden könne. Damit will er für den Augenblick Straflosigkeit erreichen.
Der Schaupieler der Rolle des Theopropides tritt aus seiner Rolle heraus und fordert das Publikum auf, Beifall zu klatschen. Damit wird ein letztes Mal der Spielcharakter deutlich.	1181

Literaturhinweise

1. Ausgaben, Kommentare, Übersetzungen

W. M. Lindsay: T. Macci Plauti Comoediae, Tomus II, Oxford 1905

E. A. Sonnenschein: T. Macci Plauti Mostellaria. Edited with notes explanatory and critical, Oxford ²1907

A. Ernout: Plaute, Comedies. Texte établi et traduit. V: Mostellaria, Persa, Poenulus, Paris 1938

N. Terzaghi: T. Maccio Plauto, La Mostellaria. Introduzione, testo critico e commento, Turin 1929

F. Bertini: Plauto, Mostellaria. Con un saggio di F. Della Corte, Turin 1970

J. Collart: T. Maccius Plautus, Mostellaria. Plaute, La farce du fantôme. Edition, introduction et commentaire, Paris 1970

F. R. Merrill: Plautus, Mostellaria, London 1972

E. Paratore: Plautus, Mostellaria (La commedia del fantasma), Rom 1972

H. Oberst: Plautus in Comics. Die Gespenstergeschichte (Mostellaria), Zürich/Stuttgart 1972

G. Schwemer: Plautus, Mostellaria. Bearbeitet für frühe Lektüre, Stuttgart 1979 (Materialien zur Einführung neuer Lehrpläne, hg. von der Landesstelle für Erziehung und Unterricht Stuttgart, Reihe L, Heft 16)

W. Hofmann: T. Maccius Plautus, Amphitruo, Aulularia, Mostellaria. Übers., Nachw. und Anm. von W. H., Leipzig 1971

Antike Komödien. Plautus/Terenz in zwei Bänden, 1. Band, Darmstadt 1978 (hg. von W. Ludwig, Neubearbeitung der Übersetzung von W. Binder, Stuttgart 1864ff.).

Plautus, Mostellaria. Gespensterkomödie. Übers. und eingel. von W. Hofmann, München 1979

2. Forschungsbericht

Fogazza, D.: Plauto 1935–1975, in: Lustrum 19, 1976, 79–295

3. Literatur

3.1 Zusammenfassende Darstellungen zu Leben und Werk des Plautus

Bieler, L.: Geschichte der römischen Literatur. I: Die Literatur der Republik, 2. Aufl. Berlin 1965

Blänsdorf, J.: Plautus, in: Lefèvre, E. (Hg.): Das römische Drama, Darmstadt 1978, 135–222

Duckworth, G. E.: The Nature of Roman Comedy. A Study in Popular Entertainment, Princeton 1952

Fraenkel, E.: Plautinisches im Plautus, Berlin 1922 (Philologische Untersuchungen 28)

Gaiser, K.: Zur Eigenart der römischen Komödie: Plautus und Terenz gegenüber ihren griechischen Vorbildern, in: Temporini, H. (Hg.): Aufstieg und Niedergang der römischen Welt 12, Berlin/New York 1972, 1027–1113

Haffter, H.: Die altrömische Komödie. Sonntage mit lateinischer Literatur. Drei Radiovorträge. Hg. von H. Jucker, Bern/München 1971, 9–28

Lefèvre, E. (Hg.): Die römische Komödie: Plautus und Terenz, Darmstadt 1973

Lefèvre, E.: Die römische Komödie, in: Fuhrmann, M. (Hg.): Römische Literatur, Frankfurt am Main 1974, 33–62

Marti, H.: Untersuchungen zur dramatischen Technik bei Plautus und Terenz, Winterthur 1959

3.2 Zu Sprache, Bühne und Publikum sowie Nachleben

Albrecht, M. von: Geschichte der römischen Literatur, Bd. 1, Bern 1990, 163f.

Beare, W.: Plautus and his Public, in: Classical Review 42,1928, 106–111, auch in Lefèvre, E. (Hg.): Die römische Komödie: Plautus und Terenz, Darmstadt 1973, 135–145

Bieber, M.: The History of the Greek and Roman Theatre, Princeton 1961.

Blänsdorf, J.: Archaische Gedankengänge in den Komödien des Plautus, Wiesbaden 1967

Conrady, K. O.: Zu den deutschen Plautusübertragungen. Ein Überblick von Albrecht von Eyb zu J. M. R. Lenz, in: Euphorion 48, 1954, 373–396

Devoto, G.: Geschichte der Sprache Roms. Aus dem Italienischen übertragen von I. Opelt, Heidelberg 1968, 100–130: Das Zeitalter des Plautus

Handley, E. W.: Plautus and his Public: Some Thoughts on New Comedy in Latin, in: Dioniso 46, 1975, 117–132

Hofmann, W.: Plautus – heute? Erfahrungen aus einer Mostellaria-Inszenierung im Herbstsemester 1967, in: Altertum 15, 1969, 184–192

Jurewicz, O.: Plautus, Cato der Ältere und die römische Gesellschaft, in: Irmscher, J./ Kumaniecki, K. (Hg.): Aus der altertumswissenschaftlichen Arbeit Volkspolens, Berlin 1959, 55–72

Lefèvre, E.: Römische und europäische Komödie, in: Lefèvre, E. (Hg.): Die römische Komödie. Plautus und Terenz, Darmstadt 1973, 1–17, 129–157

Marek, H. G.: Die soziale Stellung des Schauspielers im alten Rom, in: Altertum 5, 1959, 101–111

Prete, S.: Plautus und Terenz in den Schriften des F. Petrarca, in: Gymnasium 57, 1950, 219–224

Reinhardstoettner, K. von: Plautus. Spätere Bearbeitungen plautinischer Lustspiele. Ein Beitrag zur vergleichenden Literaturgeschichte, Leipzig 1886

Schanz, M./Hosius, C.: Geschichte der römischen Literatur bis zum Gesetzgebungswerk des Kaisers Justinian. Erster Teil: Die römische Literatur in der Zeit der Republik, 4. Aufl. München 1927, 83–86

Thamm, G.: Beobachtungen zur Form des plautinischen Dialogs, in: Hermes 100 (1972), 558–567

Thierfelder, A.: P. Terentius Afer, Andria. Textbearbeitung, Einleitung und Eigennamenverzeichnis, Heidelberg 1960

Williams, G.: Tradition and Originality in Roman Poetry, Oxford 1968, 100–123

3.3 Abhandlungen zur *Mostellaria*

Della Corte, F.: La commedia della Fantasima, in: Dioniso 15, 1952, 49–55; auch in: Della Corte, F.: Opuscula II, Genua 1972, 17–24

Leach, E. W.: *De exemplo meo ipse aedificato:* An Organizing Idea in the Mostellaria, in: Hermes 97,1969, 318–332

Stärk, W.: Mostellaria oder Turbare statt sedare, in: Lefèvre. E./ Stärk, G./Vogt-Spira, G. (Hg.): Plautus barbarus. Sechs Kapitel zur Originalität des Plautus, Tübingen 1991 (ScriptOralia 25, Reihe A, Band 8), 107–140

Weide, I.: Der Aufbau der Mostellaria des Plautus, in: Hermes 89, 1961, 191–207

Zu Szene I 1

Opelt, I.: Die lateinischen Schimpfwörter und verwandte sprachliche Erscheinungen. Eine Typologie, Heidelberg 1965

Reimers, F. H.: Der plautinische Schimpfwörterkatalog, Diss. Kiel 1957 (MS)

Spranger, P. P.: Historische Untersuchungen zu den Sklavenfiguren des Plautus und Terenz, Mainz 1960

Stace, C.: The Slaves of Plautus, in: Greece and Rome, Ser. 2, 15, 1968, 64–77

Vogt, J.: Sklaverei und Humanität. Studien zur antiken Sklaverei und ihrer Erforschung, 2. Aufl. Wiesbaden 1972

Zu Szene I 2

Burck, E.: Die altrömische Familie, in: Oppermann, H. (Hg.): Römertum. Ausgewählte Aufsätze und Arbeiten aus den Jahren 1921–1961, Darmstadt 1962, 87–141

Marrou, H.-I.: Geschichte der Erziehung im klassischen Altertum. Hg. von R. Harder, Freiburg/München 1957

Reis, H.: Die Vorstellung von den geistig-seelischen Vorgängen und ihrer körperlichen Lokalisation im Altlatein. Eine Untersuchung mit besonderer Rücksicht auf den Gebrauch der bezüglichen Substantive *(animus – anima – cor – pectus – mens – ingenium – indoles).* I: Text, II: Anmerkungen und Indices, München 1962

Rissom, H. W.: Vater- und Sohnmotive in der römischen Komödie, Diss. Kiel 1971

Zu Szene I 3

Flury, P.: Liebe und Liebessprache bei Menander, Plautus und Terenz, Heidelberg 1968

Friedrich, W. H.: Zur altlateinischen Dichtung VII, in: Hermes 76, 1941, 128–135

Fuchs, H.: Zur Putzscene der Mostellaria, in: Hermes 79, 1944, S. 127–148 (= Zu zwei Szenen der Mostellaria, in: Museum Helveticum 6, 1949, 105–126)

Zu Szene I 4

Miniconi, P.: Le vocabulaire plautinien de la boisson et de l'ivresse, in: Hommages à J. Bayet, Brüssel 1964, 495–508

Zum II. Akt

Foster, J.: Aeneida. Two Ghost Scenes, in: Proceedings of the Virgil Society, London, 11, 1971/72, 77–78

Schilling, R.: Les dieux dans le theatre de Plaute, in: Actes IX Congres Association Guillaume Budé (Rome 13–18 avril 1973), Paris 1975, 2 Bde., 342–353

Zum III., IV. und V. Akt

Earl, D. C.: Political Terminology in Plautus, in: Historia 9, 1960, 235–243

Fuchs, H.: Zu zwei Szenen der Mostellaria (1,3: Putzszene; 3.1: Zinsforderungsszene), in: Museum Helveticum 6, 1949, 105–126

Fuhrmann, M.: Lizenzen und Tabus des Lachens. Zur sozialen Grammatik der hellenistisch-römischen Komödie, in: Preisendanz, W./Warning, R. (Hg.): Das Komische, München 1976, 65–101

Neumann, M.: Die poetische Gerechtigkeit in der neuen Komödie. Untersuchungen zur Technik des antiken Lustspiels, Speyer 1958

Fachdidaktische Literatur

Glücklich, H.-J., Plautus-Lektüre, in: Höhn, W./Zink, N. (Hg.), Handbuch für den Lateinunterricht Sekundarstufe I, Frankfurt/Main 1987, 263–290

Heilmannn, W.: Komödienlektüre im Lateinunterricht, in: Der altsprachliche Unterricht 42,5, 1999, 2–10

Kaiser, N.: T. Macci Plauti Amphitruo. Komödienlektüre in der Oberstufe, in: Der altsprachliche Unterricht 42,5, 1999, 18–24

Kultusministerium des Landes Nordrhein-Westfalen (Hg.): Richtlinien und Lehrpläne. Latein. Gymnasium. Sekundarstufe I, Frechen 1993, 108–110

Lahann, O.: »Pulcher, salve! Pulchra item!« Der ›Miles gloriosus‹ als Erstlektüre, in: Der altsprachliche Unterricht 42,/5, 1999, 11–17

Niemann, K.-H.: Schauen – Durchschauen – Darstellen. Möglichkeiten der Veranschaulichung bei der Komödienlektüre, in: Der altsprachliche Unterricht 42/5, 1999, 33–42

Wülfing, P.: Lateinische Anfangslektüre; in: Gruber, J./Maier, F. (Hg.), Handbuch der Fachdidaktik, Alte Sprachen 2. München 1982, 48–62 (bes. 56f.)

EXEMPLA / CONSILIA

Herausgegeben von Hans-Joachim Glücklich.

EXEMPLA 14: **Kaiser Claudius, Zwischen Macht und Lächerlichkeit**
Bearbeitet von Georg Veit. 1995. 75 Seiten mit 4 Abbildungen, kart. ISBN 3-525-71616-8

CONSILIA 14: Georg Veit: **Interpretationen und Unterrichtsvorschläge zu „Kaiser Claudius"**
1995. 80 Seiten, kart. ISBN 3-525-25646-9

EXEMPLA 15: **Cicero, De re publica**
Bearbeitet von Hans-Joachim Glücklich. 1997. 120 Seiten mit 11 Abbildungen, kart ISBN 3-525-71617-6

CONSILIA 15: Hans-Joachim Glücklich: **Ciceros „De re publica" im Unterricht**
1997. 148 Seiten, kart. ISBN 3-525-25647-7

EXEMPLA 16: **Römischer Alltag**
Texte zum Leben in der römischen Welt. Bearbeitet von Hubert Müller. 1998. 80 Seiten mit 7 Abbildungen, kart. ISBN 3-525-71618-4

CONSILIA 16: Hubert Müller: **Römischer Alltag**
1998. 80 Seiten, kart. ISBN 3-525-25648-5

EXEMPLA 17: **Titus Livius, Ab urbe condita**
Bearbeitet von Gerhard Fink und Andreas Hensel. 1998. 80 Seiten mit 4 Abbildungen, kart. ISBN 3-525-71619-2

CONSILIA 17: Andreas Hensel / Gerhard Fink: **Titus Livius, „Ab urbe condita" im Unterricht**
1998. 120 Seiten, kart. ISBN 3-525-25649-3

EXEMPLA 18: **Horaz, Oden**
Eine Auswahl. Bearbeitet von Lothar Rohrmann und Ernstgünther Buchtmann. 1999. 120 Seiten mit 5 Abbildungen, kart. ISBN 3-525-71620-6

CONSILIA 18: Ernstgünther Buchtmann / Lothar Rohrmann
Die Oden des Horaz im Unterricht
1999. 124 Seiten mit Tafelbildern, kart. ISBN 3-525-25650-7

EXEMPLA 19: **Die schöne Helena**
Texte von Hygin, Ovid, Vergil und Seneca. Rezeptionsdokumente aus Musik und Film. Bearbeitet von Hans-Joachim Glücklich. 2000. 96 Seiten mit 6 Abbildungen, kart. ISBN 3-525-71622-2

CONSILIA 19: Hans-Joachim Glücklich: **Die schöne Helena**
Von Sparta über Troja nach Europa und Amerika. 2000. 112 Seiten, kart. ISBN 3-525-25651-5

EXEMPLA 20: **Sallust, Catilinae coniuratio**
Bearbeitet von Hans-Joachim Glücklich. 2001. 125 Seiten mit 7 Abbildungen, kart. ISBN 3-525-71623-0

CONSILIA 20: Hans-Joachim Glücklich: **Sallusts „Catilinae coniuratio" im Unterricht**
2001. 158 Seiten, kart. ISBN 3-525-25652-3

EXEMPLA 21: **Plinius d. J., Briefe**
Bearbeitet von Hans-Joachim Glücklich. 2003. 112 Seiten mit 7 Abbildungen, kart. ISBN 3-525-71630-3

CONSILIA 21: Hans-Joachim Glücklich: **Die Briefe des jüngeren Plinius im Unterricht**
2003. 128 Seiten, kart. ISBN 3-525-25654-X

EXEMPLA 22: **Tacitus, De vita et moribus Iulii Agricolae**
Bearbeitet von Stefan Kliemt. 2004. 88 Seiten mit 6 Abbildungen und 1 Karte, kart. ISBN 3-525-71632-X

CONSILIA 22: Stefan Kliemt: **Der „Agricola" des Tacitus im Unterricht**
2005. 106 Seiten, kart. ISBN 3-525-25657-4

V&R
Vandenhoeck & Ruprecht